BASTEI
LÜBBE
TASCHENBUCH

Über den Autor

Gregor Haake, 1977 geboren, gehört zu den (noch) seltenen Exemplaren von Männern, die freiwillig auf ihre Karriere verzichten – zugunsten von Frau und Kindern. Bevor er die Rolle des Hausmanns übernommen hat, war Gregor Haake als Journalist für *Focus*, *Financial Times Deutschland*, AP und ddp tätig. Er lebt mit seiner Familie in Berlin.

GREGOR HAAKE

Daddy Cool

Wie ich als Vollzeitpapa lernte, den härtesten Job der Welt zu machen

Eine Liebeserklärung an alle Mütter

BASTEI
LÜBBE
TASCHENBUCH

BASTEI LÜBBE TASCHENBUCH
Band 61031

Dieser Titel ist auch als E-Book erschienen

Originalausgabe

Copyright © 2019 by Bastei Lübbe AG, Köln
Textredaktion: Dr. Matthias Auer, Bodman-Ludwigshafen
Umschlaggestaltung: semper smile, München unter Verwendung von
Motiven von © Thomas Meyer, Berlin und © getty-images: Hero Images
Satz: two-up, Düsseldorf
Gesetzt aus der Chaparral
Druck und Verarbeitung: CPI books GmbH, Leck – Germany
ISBN 978-3-404-61031-0

1   3   5   4   2

Sie finden uns im Internet unter www.luebbe.de
Bitte beachten Sie auch: www.lesejury.de

Für Ben und Mathilda,
die aus meinem Leben ein Abenteuer machen.

Und für Ulrike,
ohne die alles nichts wäre.

Inhalt

Die Hauptdarsteller und das Personal

Als Teenager hatte ich einen süßen braunen Terrier. Damals mein bester Freund. Der Hund hieß Orloff und war das hibbeligste Tier, das man sich nur vorstellen kann. Er war ständig in Bewegung: rennen, kläffen, hüpfen, kläffen, knurren, kläffen ... Allein vom Zusehen bekam man einen Drehwurm. Bis Orloff sich von einer Sekunde auf die andere zu meinen Füßen zusammenrollte und in Tiefschlaf verfiel.

25 Jahre später habe ich keinen Hund mehr, ich habe Kinder. Und der Orloff unter den Kindern ist meine Tochter Mathilda. Auch sie ist ununterbrochen in Bewegung: spielen, tanzen, singen, fragen, zappeln, hüpfen, rennen, klettern, diskutieren. Mathilda ist wie ein Duracell-Hase. Morgens angeschaltet, läuft sie so lange auf 100 Prozent, bis abends jemand das Kabel aus der Steckdose zieht. Es gibt nur »an« (auf Vollgas) und »aus« (im Schlaf). Der Regler für zwischendurch fehlt irgendwie. Haben Sie den bei Ihrem Kind schon gefunden? Bitte, dann schreiben Sie mir.

Vielleicht ist Tilly auch in den Topf mit dem Zaubertrank gefallen. Oder besser: mit Quasseltrank. Sie redet los, sobald sie die Augen aufschlägt – ohne Luft zu holen, ohne Punkt und ohne Komma. Vor allem aber ballert sie Fragen ab wie ein außer Kontrolle geratenes Maschinengewehr: Papa, was sind Meeresfrüchte? Warum muss ich immer früher ins Bett als ihr? Wie bin ich zu euch gekommen? Was ist ein Querschläger? Warum darf ich mir keine Ohrlöcher stechen lassen?

Und ich? Ich bin der fröhliche Erklärbär mit der Engelsgeduld. Meistens jedenfalls.

Ansonsten ist Mathilda ein Schaltjahrkind, heute sechs Jahre alt, selbstredend super süß und Papas Prinzessin. Sie hat blaue Augen, dunkelblonde Haare, eine Stupsnase und aktuell drei ziemlich große Zahnlücken. Zwei weitere Zähne wackeln schon recht bedrohlich – was irgendwie auch toll ist, weil für jedes ausgefallene Exemplar die Zahnfee ein kleines Geschenk unter ihr Kopfkissen legt.

Ihre Mutter hat ihr neulich einen Pony geschnitten, damit ihr nicht immer die fransigen Haare ins Gesicht hängen. Mathilda findet Sachen entweder »mega voll toll« oder »ein bisschen gar nicht schön«. Am liebsten malt sie mit Glitzerstiften, klebt Glitzersticker in ihr Glitzeralbum und trägt Klamotten mit Glitzer. Ihr Motto: Wenn es nicht glitzert, ist es sinnlos! Ihre Lieblingstiere wechseln regelmäßig. Derzeit sind es Eulen: »Braun, klug, schöne Federn. Gefällt mir, Papa. Mega voll toll.« Einmal habe ich sie eine halbe Stunde später als versprochen aus der Kita abgeholt. Sie war sehr wütend und sagte: »Papa, du bist als Vater gefeuert.« Am nächsten Morgen wurde ich dann zum Glück wieder eingestellt.

Mathilda hat einen großen Bruder. Ben ist 13 und trägt am liebsten coole Sneakers mit coolen Hoodies und noch cooleren Basecaps. Sie ahnen schon: Wenn es nicht cool ist, ist es einfach sinnlos. So wie im Übrigen auch ein Leben ohne PlayStation, Netflix-Serien und YouTube. Es ist möglich – aber sinnlos.

Ben ist der größte Junge in seiner Klasse – schon jetzt unfassbare 1,87 Meter lang. Er hat dunkle Haare, dunkle Augen und eine Brille wie der Fußballer Jérôme Boateng. Mit mir tauscht er gelegentlich seine Schuhe, weil wir beide Größe 47 tragen. Meistens sind meine Sneakers aber nicht lässig genug.

Er ist ziemlich klug und hat Sinn für Humor. Vor allem aber

ist Ben ein Teenager – und das bedeutet, dass er kommunikativ so ziemlich das Gegenteil von seiner Schwester ist.

Gespräche mit ihm verlaufen meist so:

»Ben, wie war es heute in der Schule?«

»Gut.«

»Das ist alles?«

»Ja.«

»Geht es ein bisschen genauer? Wie war Mathe?«

»Gut.«

»Wie war Englisch?«

»Gut.«

»Wie war Sport?«

»Anstrengend.«

Ahhh, eine Änderung in der Argumentation.

»Hast du Hausaufgaben?«

»Nein. Kann ich in mein Zimmer gehen?«

»Von mir aus.«

Gespräch beendet. Wenn er nicht will, dann will er nicht.

Ben und Mathilda verstehen sich meistens ganz gut – vor allem, wenn der bewunderte große Bruder sich dazu herablässt, der kleinen Schwester vorzulesen, ihr die Welt zu erklären, mit ihr Memory zu spielen oder ihr eine neue Villa (»Mit Pool Ben – und mit Pferdestall und Pferden und einer goldenen Treppe.«) bei Minecraft zu bauen (das ist dieses Computer-Spiel, das derzeit alle spielen). Manchmal kracht es aber auch. Sie sind eben Geschwister.

Ach ja! Und da wären noch meine Frau und ich. Wir sind quasi das Personal, wohnhaft in einer Dachgeschosswohnung im Prenzlauer Berg in Berlin. Dann haben wir noch einen Garten mit einem von Fröschen und Goldfischen bevölkerten Teich in Brandenburg, wo ich geboren wurde.

Ulrike zieht jeden Morgen los und sorgt dafür, dass die

Maschine immer schön weiterläuft – ich kümmere mich währenddessen um den »Rest«. Für die Kinder bin ich Koch, Chefeinkäufer, Hausaufgaben-Coach, Spielplatzbegleiter, Pflasteraufkleber, Tränentrockner, Aufräumer, Chauffeur, Feuerwehr und Vorleser.

Wie es dazu kam, wie ich versuche, das Chaos unter Kontrolle zu halten, welche Zweifel und Hürden ich überwinden musste, und warum die Abenteuer, die man nicht auf dem Zettel hat, oft die spannendsten sind – davon handelt dieses Buch.

Geht gleich los! Ich muss nur eben noch schnell Mathilda einen Kakao bringen ...

Kapitel 1

Soll ich, oder soll ich nicht?
Meine Zweifel –
und was davon übrig blieb

> *Bei uns ist Mama der Bestimmer – aber nur abends!*

Mathilda

*M*ein Weg zum Vollzeitvater begann vor etwa drei Jahren, die Kinder waren damals drei beziehungsweise zehn Jahre alt, an einem dieser Horrortage, die berufstätige Eltern nur zu gut kennen – und fürchten.

Der Stresslevel im Büro war ohnehin schon im roten Bereich, als mein Telefon mitten in einer wichtigen Besprechung hektisch brummte. Ich konnte die Nummer nicht zuordnen, weil wir gerade erst nach Berlin gezogen waren – aber irgendwie hatte ich schon so ein komisches Gefühl, so ein Kratzen im Hinterkopf. Das klingt natürlich total esoterisch, hat man aber manchmal – sogar als Mann.

Komische Nummer. Seltsam. Noch nie gesehen, dachte ich. Und: Ich kann jetzt nicht. Wer ist das, verdammt? Und warum ruft er gleich dreimal hintereinander an?

Es war natürlich die Kita: Mathilda war beim Toben mit dem Gesicht auf die Sandkasten-Kante geknallt und lag nun mit einer fetten Beule und einer vermuteten Gehirnerschütterung in den Armen der Erzieherin. Die Damen im Sekretariat waren schon in heller Aufregung, weil im ersten Moment weder meine Frau noch ich erreichbar waren – und Mathilda sich bereits in einen mächtigen Heulkrampf eskaliert hatte. Da halfen auch Eisbeutel, Gummibärchen und gutes Zureden nichts. Nur Mama und Papa.

Also Feueralarm!! Es brennt! Und zwar richtig heftig. Aber wer fährt? Wer ist die Feuerwehr? Meine Frau? Ich? Wer von uns beiden kann schon an einem normalen Vormittag, mitten in einer maximal vollgepackten Woche, mal eben schnell das Kind aus der Kita holen und zum Arzt bringen? Wo ist unser verdammter Notfall-plan? Warum hat unser Babysitter ausgerechnet heute frei? Und warum wohnt die Oma eine Autostunde weit entfernt? Aber die hätte vermutlich in der Situation auch nicht helfen können.

Mathilda schluchzte vor sich hin, als ich dann leicht panisch und völlig unpassend in Anzug und Krawatte durch den Sandkasten stapfte. Das von den Erziehern gut gekühlte Horn auf ihrer Stirn hatte sich mittlerweile schon zu einem imposanten Gebilde aufgetürmt.

Ich bin normalerweise nicht so empfindlich, was die vom Nachwuchs theatralisch beweinten Verletzungen, vermeintlichen Krankheiten, schlimmen Monster-Mückenstiche oder sonstige Zwischenfälle angeht. Aber die Beule sah schon ziemlich besorgniserregend aus – und erinnerte mich vage an den schiefen Turm von Pisa.

Die Erzieherin: »Mathilda ist auf den Sandkasten geknallt. Sie hat nach hinten geguckt und ist nach vorne gelaufen.«

Mathilda schluchzte: »Ist die Beule schlimm?«

»Naja, hm, ziemlich.«

Tja, da war nichts zu machen. Heute kein Büro mehr. Auf zum Arzt.

Der gab zum Glück Entwarnung – mehr oder weniger: Zwei oder drei Tage Pause (Himmel, jetzt haben wir das nächste Betreuungsproblem!), und sie könne wieder in die Kita, beruhigte der Kinderarzt den schnappatmenden Vater. Bei der Gelegenheit ergänzte er noch eine Weisheit aus dem Praxis-Leben: »Glauben Sie mir. Das war nicht Ihr letzter Notfall-Besuch im Krankenhaus. Da müssen Sie mal deutlich lockerer werden.«

Lockerer. Schon klar. War jetzt auch genau der richtige Zeitpunkt für ein Kapitel aus dem Pädagogen-Handbuch.

Jetzt aber erst einmal zurück zur Schule und meinen Stiefsohn

Ben etwas früher abholen. Der muss mir heute helfen. Die Situation ist kompliziert. Da braucht es Familien-Power.

»Boah, was ist denn mit Mathilda passiert? Sieht ja krass fies aus«, kommentierte er mit Blick auf die wimmernde Kleinst-Patientin, nur um direkt zum Tagesgeschäft eines Schülers überzugehen:

»Hilfst du mir später bei meiner Präsentation?«

»Bei welcher Präsentation?«, fragte ich, noch immer etwas abwesend.

»Für Deutsch.«

Oh Mann, auch das noch.

»Natürlich, aber du siehst ja, was los ist.«

»Klar.«

Kurze Pause.

»Der Drucker geht aber immer noch nicht. Und ich brauche noch liniertes Papier und einen Zirkel – bis morgen!«

Okay, okay! Jetzt mal ganz langsam. Wie bekomme ich das jetzt alles hin? Auf jeden Fall eins nach dem anderen. Ich kann nicht fünf Bälle gleichzeitig in der Luft halten. Das können nur Mütter.

Also, folgender Plan: nach Hause fahren, Mathilda hinlegen und mit iPad, einer Sprite (sonst eigentlich die große Ausnahme) und Erdnuss-Flips versorgen. Dann den Drucker reparieren oder neue Patronen kaufen, die Kollegen informieren, dass ich morgen nur via Skype dabei sein könne, zwischendurch die besorgte Mutter mit Infos versorgen. Den Rest der Woche organisieren. Wie hat Ulrike eigentlich Dienst? Ach, und noch schnell liniertes Papier kaufen. Muss Ben alleine machen. Dann alles andere.

Daheim angelangt, stellten sich tausend Fragen, auf die normalerweise meine Frau Antworten hat. Alles nicht so dramatische Sachen. Aber wenn mal richtig Feuer unterm Dach ist und die Handgriffe nicht sitzen, dann werden Banalitäten plötzlich zum riesigen Problem: Wo war eigentlich ein Kühlpack, wenn man es mal brauchte? Normalerweise im Eisfach. Aber hier fand ich keins. Nur Fischstäbchen und Spinat. Verdammter Mist. Blick in den Kühlschrank. Auch eine Flasche Apfelsaft war ja Gott sei Dank vielseitig einsetzbar. Küchentuch rumgewickelt und auf die Stirn der Tochter gedrückt. Half für den Augenblick. Die Beule musste gekühlt werden.

Mathilda schluchzte vor sich hin, versuchte aber, tapfer zu bleiben.

»Papa, bin ich schlimm verletzt?«

»Na ja, sieht nicht so gut aus. Aber wenn du heiratest, ist alles vorbei.«

»Was ist heiraten?«

»Wenn man jemanden so liebhat, dass man immer mit ihm zusammen sein will. So wie Mama und Papa.«

»Und wenn ich nicht will, geht es dann nicht weg?«

»Doch! Natürlich.«

»Also muss ich nicht heiraten?«

»Nein, musst du nicht.«

»Ich hab auch niemanden.«

»Da bin ich froh!«

Inzwischen war Ben zurück und übernahm die Kühlung der Beule. Ich versuchte mich am Drucker-Problem. Irgendetwas hatte sich hinten verklemmt. Es waren also gar nicht die Patronen. Leider bin ich handwerklich nicht sonderlich versiert – und meine Finger sind für filigrane Reparaturarbeiten »irgendwo da hinten« einfach nicht geeignet. Aber passte ja auch zu diesem Tag. Es reichte kein einfacher Papierstau. Es musste etwas Kompliziertes sein. Herzlichen Dank auch. Und ich konnte nicht mal jemand anderen dafür verantwortlich machen.

Aber auch das bekamen wir irgendwie hin. Der Drucker lief

nach zwanzig Minuten Fummelei mit dem Brieföffner meines Großvaters wieder tadellos.

Jetzt noch Abendessen. Ist ja nicht so, dass ein Kind sieht, dass der Vater auf Hochtouren läuft, und sagt: »Papa, lass mal. Heute reicht mir ein Salamibrot.« Ein Abendessen ist bei uns nur ein Abendessen, wenn es warm ist.

Ach ja, da waren ja noch Fischstäbchen und Spinat ... Auch der Brandherd war ausgetreten.

Nach drei Stunden improvisierter Notfall-Versorgung an allen Fronten sackte ich schließlich ermattet auf dem Sofa zusammen. Und ich fragte mich, warum man schon in so frühen Schuljahren derart komplexe Präsentationen braucht – und wie andere Eltern das eigentlich alles auf die Reihe kriegen. Und überhaupt ... Was für ein Tag!

Zwischenzeitlich war auch die abgehetzte Mutter im Kinder-Chaos zur Begutachtung der Verletzungen, der Schäden und des Durcheinanders eingetroffen. Als sich unsere Blicke über Mathildas Beule trafen, war uns beiden klar: So konnte es nicht weitergehen! Denn es war ja auch nicht das erste Mal, dass Unvorhergesehenes unser fragiles Betreuungskonstrukt ins Wanken brachte.

Kinder sind das Wunderbarste überhaupt – aber sie sind auch stressig, besonders dann, wenn der Altersunterschied bei sieben Jahren liegt. Ben und Mathilda haben nicht die gleichen Interessen, sie spielen selten miteinander. Genau genommen haben wir zwei Einzelkinder. Mit Tilly müssen wir Prinzessinnen-Schlösser aufbauen und aufpassen, dass sie nicht immerzu hinfällt, und bei Ben darauf achten, dass die Hausaufgaben gemacht sind und die PlayStation nicht zu lange läuft.

Früher in München, als Mathilda auf die Welt kam, meine Frau erst daheim und dann Chefredakteurin einer monatlich erscheinenden Frauenzeitschrift war, konnte sie sich die Zeiten etwas besser einteilen. Das änderte sich mit dem Umzug nach Berlin, der Hektik der Großstadt und dem Anspruch unserer Jobs. Wir mussten uns komplett neu organisieren. Neue Schule, neue Kita, neues Leben. Gelingt auch nicht eben mal so. Richtig Ruhe hatten wir jedenfalls selten.

Auf die Beulen-Aktion folgte eine Krisensitzung. Wir mussten uns eingestehen, dass wir trotz bester Absichten und durchstrukturierter Betreuungsmodelle an unsere organisatorischen Grenzen gestoßen waren. Darüber half auch der gut gekühlte Grauburgunder nicht hinweg.

Klar, die geschätzte Gattin arbeitete viel, war selten zum Kinder-Abendessen daheim und manchmal auch, wenig vorhersehbar, sogar erst viel später. Ich war prinzipiell ab 17.30 Uhr verfügbar. Nur eben auch nicht immer. Nicht jeden Tag. Nicht verlässlich. Die Lücken füllten Babysitter.

Aber das muss doch irgendwie machbar sein! Wie schaffen andere Leute das? Wir sind doch nicht die einzigen Menschen mit Kindern.

Jeder von uns wollte Vollzeit arbeiten, dabei das Beste geben, nicht auf die Uhr schauen müssen. Meine Frau ist die Stellvertreterin des Chefredakteurs einer großen Boulevardzeitung. Ich arbeitete damals beim Nachrichtenmagazin *Focus*. Wir lieb(t)en unsere Jobs.

Aber wenn wir beide 150 Prozent arbeiten, warum haben wir dann überhaupt Nachwuchs? Wenn wir uns nur von der Kita über die Oma zum Kindermädchen hangeln, immer gehetzt sind und das schlechte Gewissen unser ständiger Begleiter ist was macht das dann alles für einen Sinn?

Oft hatte ich das Gefühl, nichts richtig gemacht zu haben: Bei der Arbeit waren zig Sachen liegengeblieben und die Kinder mal wieder unter den Letzten, die abgeholt wurden. Der totale Wahnsinn!

Über eines waren meine Frau und ich uns an diesem Abend einig: So wie bislang funktionierte das nicht mehr. Einer musste kürzertreten.

Ulrike verdiente mehr Geld als ich und hatte auch die besseren Karriereaussichten. Und dann stand da plötzlich dieser Satz im Raum. Laut ausgesprochen, hing er über unseren Köpfen, fordernd, penetrant, irgendwie unfassbar, aber doch auch gar nicht so absurd: »Gregor, was wäre, wenn du eine Weile kürzertrittst und dich um die Kids kümmerst?«

Lange Pause. Wir nippten an unseren Gläsern. Der Satz ging nicht weg.

»Hmm. Aber wie soll das denn gehen?«

»Ganz einfach ...«, die Gattin blieb hartnäckig, »... indem du von zu Hause aus arbeitest.«

»Was? Was bitte soll daran ›ganz einfach‹ sein? Du hast echt einen Knall.«

»Kann sein! Aber lass uns doch einfach mal in diese Richtung denken.«

Okay. Also gut. Dann denke ich mal in diese Richtung. Soll ja niemand behaupten, ich sei nicht flexibel im Kopf. Schon gar nicht die werte Gattin. Was also wäre, wenn? Soll ich wirklich daheimbleiben? Nachdenken wird ja erlaubt sein.

In meinem Kopf rotierten die Fragen: Soll ich wirklich kündigen oder in Teilzeit gehen? Soll ich von zu Hause aus arbeiten? Oder womöglich eine Zeitlang ganz aussetzen? Geht das überhaupt? Ist das für einen Mann denkbar? Was macht das mit mir? Ich hätte in meinem Job bestimmt auch noch weiter aufsteigen können. Das alles hinwerfen? Auf meine Karriere verzichten? Nicht nur zugunsten meiner Kinder – sondern auch für meine Frau!?

Hat das überhaupt schon mal jemand gemacht? (Klar!) *Aber was passiert dann mit unserer Ehe?* (Krise?) *Was verändert sich, wenn die Beziehungs-Architektur derart umgebaut wird?* (Nie wieder Sex?) *Was denken meine Freunde?* (Weichei!) *Bin ich dann kein richtiger Mann mehr?* (In ihren Augen? In meinen?) *Wird meine Frau noch zu mir aufblicken?* (Für uns extrem wichtig.)

Was sagen meine Eltern? Oder die meiner Frau? Die Kollegen? So eine Entscheidung trifft man ja nicht im und für den luftleeren Raum. Das hat Auswirkungen auf alle Lebensbereiche. Was wird aus mir? Und wie ist es, in finanzielle Abhängigkeit zu geraten? Und bekomme ich das überhaupt alles hin? Für den Daheim-Job bin ich ja gar nicht ausgebildet.

In meinem Kopf drehte sich alles. Tausend Gedanken, alles ungeordnet.

Wir beschlossen, an diesem Abend keine finale Entscheidung zu treffen, aber der Samen war ausgelegt. Es beschäftigte mich. Es beschäftigte mich so sehr, dass ich wochenlang nachts nicht richtig schlafen konnte. Meine Freunde hielten mich nach dem zehnten Ich-brauche-mal-deinen-Rat-Anruf in dieser Zeit vermutlich auch schon für bekloppt, und Google hatte auf »Soll ich Vollzeitvater werden?« ebenfalls keine befriedigende Antwort.

Vielleicht hilft ein Blick ins Bücherregal? Aber die esoterischen Ratgeber dort waren damals für die Entscheidungsfindung irgendwie auch für die Katz: *Mut zur Veränderung (kannst du vergessen!). Zu neuen Ufern aufbrechen (schon, aber wie?). Ängste überwinden (wenn es so leicht wäre). Deine Mitte finden (ja, okay … Hilft mir jetzt aber auch nicht weiter).*

Veränderungen sind eigentlich nicht meine Sache. Ich brauche Zeit dafür – und bin bisher nie glasklar entschieden durchs Leben gegangen.

Gutes Beispiel: Flugangst. Ja, hatte ich lange. Und ich habe dreißig Flüge gebraucht, um sie in den Griff zu bekommen. Als ich meine Frau kennenlernte, wohnte sie noch in München, ich arbeitete bei der *Financial Times Deutschland* in Hamburg. Ein großartiger Job, den ich so schnell nicht aufgeben wollte. Pendeln war mit dem Flugzeug natürlich wunderbar – theoretisch! Praktisch schwitzte ich immer schon montags beim Gedanken an den Ende der Woche anstehenden Flug nach München in so einer wackeligen Maschine literweise Wasser.

Anfangs bin ich sogar noch jedes Wochenende mit dem Zug gefahren. Ist das nicht verrückt? Und da gab es noch keinen »Sprinter«. Hilfe! Sieben langweilige Stunden zwischen Chips mümmelnden Kindern, schnarchenden, übelriechenden Banknachbarn und laut telefonierenden Geschäftsleuten. Was für eine Qual.

Das Wochenende war dann immer schon zur Hälfte rum, wenn ich in den Münchner Hauptbahnhof einrollte. Irgendwann (ich glaube, die Bahn hatte mal wieder vier Stunden Verspätung oder endete in Nürnberg ...) sagte die spätere Gattin einen folgenschweren Satz: »Wenn das mit uns was werden soll, müssen wir etwas ändern. Du musst anfangen zu fliegen.« Rums! Das saß!

ICH? MUSS? FLIEGEN?

ICH?

Frauen treiben Männer zu manchem Opfer. Und mich sogar in ein Flugzeug. Letztlich haben mich die Stewardessen gerettet, die meine panischen Blicke richtig deuteten und mir einen Platz in der Business Class sowie zusätzliche Schokolade anboten – und dann alle zwei Minuten nach mir schauten. Und sogar gelegentlich eine beruhigende Hand auf meine Schulter legten.

Spätestens als ich merkte, dass daraus eine Masche wurde,

die ich irgendwann gar nicht mehr glaubhaft durchhalten konnte, war die Flugangst überwunden. Vielleicht ist es eben genau so. Das Leid und die Herausforderung müssen erst groß genug sein, um Veränderungen zuzulassen.

Mathildas Beule war da also nur das sichtbare Ende einer langen Entwicklung, nicht der Anfang. Das ist mir aber erst sehr viel später klargeworden.

Letztendlich war nach all den Erfahrungen im täglichen Kinder-Chaos die Rechnung dann für uns doch ganz einfach und unaufgeregt rational: Wer (auch perspektivisch) weniger verdient, arbeitet freischaffend oder in Teilzeit – oder setzt mal eine Weile ganz aus. Und wenn ich das bin, dann ist das eben so. Das kann auch eine riesige Chance sein.

Als Kind der ehemaligen DDR habe ich Vater und Mutter immer gleichberechtigt arbeiten sehen. Für mich war es ganz normal, dass mich meine Mutter oft spät erst aus dem Kindergarten abholen konnte, weil sie einen Job hatte, weil sie Geld verdienen musste – zumal in der Phase, in der sie zeitweilig alleinerziehend war. Vielleicht fällt es mir auch deswegen heute leichter, Frauen in der Versorger-Rolle zu akzeptieren.

Eine Familie braucht Stabilität, braucht jemanden, der sich kümmert, der flexibel reagieren kann. Sie braucht jemanden, der abends noch die Nerven hat, Präsentationen mit dem Nachwuchs zu basteln, der die Kinder zum Basketball und Ballettunterricht durch die Gegend karren kann, der Essen nicht nur aus der Tiefkühltruhe zubereitet – und der auch mal nur zuhören kann, wenn die Kinder über das am Tage Erlebte reden wollen (was zumindest vor der kürzlich eingesetzten Pubertat Bens noch der Fall war ...).

Und eine Familie braucht jemanden, der das Geld verdient, der den Motor am Laufen hält. Bei den meisten Familien stellt sich die Frage, wer sich dabei in erster Linie um die Kinder, den Haushalt und den Alltag kümmert, überhaupt nicht. Die klassische Rollenverteilung funktioniert perfekt: Die Männer arbeiten, verdienen das Geld, und die Mütter treten zugunsten der Kinder zumindest zeitweilig kürzer.

Aber es verändert sich ganz langsam. Das ist mein Gefühl. Und ich bin froh, in einem Land zu leben, in dem das jetzt möglich ist. Männer gehen heute häufiger in Elternzeit, sie arbeiten wenigstens zeitweise weniger – und es gibt auch solche Exemplare wie mich, die irgendwann für eine gewisse Zeit ganz daheimbleiben. Die, wenn machbar, ihre Jobs von zu Hause aus erledigen und sich um das kümmern, was sonst meistens und in erster Linie die Mütter wegstemmen. Und das ist auch gut so!

Doch so fundamentale Veränderungen brauchen ihre Zeit – weil sie auf einer organisatorischen und einer emotionalen Ebene stattfinden. Das kann ganz schön holprig sein. Und es erfordert jede Menge Kompromisse. Manche einfach – manche hart erkämpft. Ferien auf dem Ponyhof sind das nicht. Dafür sind meine Frau und ich das beste Beispiel.

Mein Weg zum Absprung ins Ungewisse war steinig. Es war und ist eine Entscheidung, die mich an Hürden und Abgründe geführt und Zweifel und grundlegende Fragestellungen verursacht hat. Aber es war und ist auch eine Riesenchance.

Mathilda jedenfalls war sofort dabei. Ihr Fazit nach drei Monaten Vollzeitvater-Betreuung: »Bei uns ist die Mama der Bestimmer – aber nur abends!«

Kapitel 2

Last-Minute-Ananas und Elternabend.
Was der Daheim-Job bedeutet –
und was Mütter uns Vätern voraushaben

*Nie hochschauen!
Wer zuerst guckt,
verliert!*

Alte Weisheit bei der Wahl
von Elternsprechern

*F*rüher habe ich gedacht, dass der Mutter-Job so schwer ja nicht sein kann. *Ja, es ist eigentlich auch gar kein richtiger Job. Das bekomme ich locker hin!* Denkste! Nach wenigen Monaten als Vollzeitvater hatte ich jedoch eine ungefähre Vorstellung davon, was Mütter tagtäglich so wegarbeiten. Und einen riesigen Respekt davor! Es ist die Hölle! Mütter halten jedoch nicht nur die Hitze darin aus. Sie bewahren auch noch einen kühlen Kopf.

ABER wie machen sie das bloß? Die, die ich kenne – inklusive meiner Frau – schaffen an einem Tag, wofür ich anfänglich schon mal mindestens drei brauchte: Kinder anziehen, in Kita und Schule bringen, einkaufen, zur Reinigung gehen, Elternversammlungen besuchen, Hausaufgaben kontrollieren, aufräumen, waschen, mit der Bank telefonieren, Handwerker für die kaputte Dusche koordinieren und zwei Abendessen vor- und zubereiten. Eines für die Kinder und eines später für die Eltern. Und viele Mütter arbeiten sogar noch Teilzeit oder voll. Ein irres Pensum.

Wie erledigen Mütter diesen Wahnsinn, ohne dabei komplett auszurasten? Und noch wichtiger: Wie soll ich das jemals schaffen?

Mütter vergessen anscheinend nie irgendetwas, haben die Anmeldebögen für Sportklubs und Ausflüge immer rechtzeitig ausgefüllt und vor Schulbeginn Stifte, Zirkel und kariertes Papier für die erste Mathestunde gekauft. Sie verlieren nie die Nerven – nicht bei aufgeschlagenen Knien, nicht beim vierten verlorenen Schal der Wintersaison, nicht beim wiederholten

Rauswurf wegen Quatschens in der Englischstunde. Ihnen scheint alles locker und leicht von der Hand zu gehen.

Mir fehlte lange dieses Entspanntheits-Gen, das Mütter offenkundig haben. Früher im Verlagsjob habe ich auch 100 verschiedene Sachen pro Tag gestemmt. Telefonate, Meetings, E-Mails, schwierige Entscheidungen, Personalgespräche: zack, zack, zack – alles hintereinander weg. Keine Zeit verlieren. Sich keine großen Gedanken machen. Immer weiter, immer schneller. Aber da hatte ich auch einen Plan – und ein Team an meiner Seite.

Als Papa in der Mutterrolle bin ich hingegen Einzelkämpfer und habe mich in alles mühsam einarbeiten müssen. Nichts gelang mir »einfach so«. Mütter sind nie genervt (oder zeigen es nicht), haben auf jede Frage eine Antwort (oder tun zumindest so), haben immer alles dabei (oder wissen, wie sie es schnell bekommen können). Und irgendwie haben sie immer auch einen Plan B. Ich habe den Verdacht, dass auch das genetisch bedingt ist. Einen Plan hatte ich anfangs selbstverständlich auch jeden Tag. Bis ich feststellte: mit Kindern geht das nicht. Und sowieso kommt es ja leider meistens anders, als man es sich vorgenommen hat.

Kinder in Schule und Kita bringen, wieder abholen, Essen machen (»Ich mag dies nicht, ich mag das nicht.« Herr Gott!), Hausaufgaben überwachen (irgendwann auch nicht mehr geschenkt – wie ging noch mal der Dreisatz? Was ist noch mal die zentrale Aussage von *Effi Briest?*), einkaufen und sicherstellen, dass der Haushalt wenigstens einigermaßen funktioniert: Das klingt erst einmal alles nicht kompliziert.

Wären da nicht Ben und Mathilda. Die beiden sind zuckersüß. Sie sind aber manchmal auch das personifizierte Chaos – und dann sind ihnen geregelte Abläufe und sorgsam ausgetüfteltes Timing völlig wurscht.

Ein Beispiel: Es ist kurz vor sieben, ein stinknormaler Tag. Meine Agenda über die Betreuung der Kinder hinaus ist »unaufgeregt«: Ich muss mich endlich um das Familien-Auto kümmern. Der TÜV ist schon seit einem Monat abgelaufen. Unser Banker will wissen, wie er den Freistellungsauftrag umstellen soll – und die Handwerker für die leckende Heizung haben sich angesagt. Ach ja – und irgendwie muss ich auch noch zwischendurch mal zur Apotheke und unseren Arztschrank etwas auffüllen. Nichts Aufregendes also. Aber das Timing muss stimmen. Spontaneität ist was für Anfänger! Im fortgeschrittenen Familien-Management ist jede Minute durchgetaktet!

Wie fast jeden Morgen kommt unsere Tochter auch an dem Tag zu uns ins Bett gekrabbelt. Anstatt noch ein wenig weiterzuschlafen, sagt sie: »Mir ist irgendwie so heiß.« Ich denke mir in dem Moment nicht viel dabei, bin ja auch noch nicht zurechnungsfähig – denn mein Gehirn schaltet gerade erst von »Gregor ist noch verschlafen« auf den Modus »Daddy muss superwachsam sein«.

Mathilda und ich kuscheln also erst noch weiter – und ich gebe alles, um die Tatsache zu ignorieren, dass sie wirklich sehr heiß ist. Also verdammt heiß. Dann höre ich ein tiefes »oh, oh«.

Es ist kein gutes Zeichen, wenn meine Frau auf diese Weise »oh, oh« sagt. Sie hat es getan, als ihre Fruchtblase nachts um zwei platzte und ich vor Panik an die Decke gesprungen bin, Ben seine erste schlechte Note in Deutsch hatte und Donald Trump US-Präsident wurde. Es bedeutet also nichts Gutes. Ich wusste: Mein Tag war gerade von »Standard« auf »maximal chaotisch« gesprungen.

Ulrike hat natürlich gleich die fiesen Flecken in Mathildas Gesicht entdeckt. Und nicht nur da. Den Ausschlag hat die

Kleine überall. Das bedeutet für mich: Arzt statt Autowerk-statt, Köpfchen streicheln statt Banker-Telefonat.

Was hat sie bloß? Dr. Google weiß Rat. Denke ich zumindest. Aber unter der Such-Kombi »Kind« und »rote Flecken« wird mir von »völlig harmlos« bis zu »Beulenpest« quasi alles an-geboten. Das bringt mich auch nicht weiter.

Also erst mal den Großen an der Schule rauswerfen und dann ab zum Kinderarzt. *Warum passiert das ausgerechnet heute?* Vor gar nicht so langer Zeit hätte sich meine Frau ge-kümmert – oder wir hätten uns irgendwie abgestimmt. Jetzt bin ich allein zuständig!

Als ich Punkt 8.30 Uhr zum Kinderarzt komme, schauen mich die wartenden Mütter mitleidig an – so als wüssten sie mehr als ich. »Der Vater hat wohl keinen Schimmer, was ihn da erwartet«, lese ich in den Gesichtern reihum.

Mathilda und ich setzen uns auf den einzigen noch freien Platz. Überall krabbeln Kinder durch die Gegend. An den Wänden hängen Zeichnungen, vermutlich Danksagungen von kleinen Patienten. Die Spielkiste in der Mitte ist voll mit Bau-steinen, Baggern und Autos. Zwei Jungs streiten sich um den einzigen Feuerwehrwagen. Ich bin wieder im Halbschlaf. Mat-hilda dämmert auf meinem Schoß vor sich hin. Arme Maus. Der Tag fängt für uns ja echt gut an …

Die Ärztin hat dann leider nur schlechte Nachrichten. Mat-hilda hat Ringelröteln. »Ringel was?« Hatte ich noch nie zu-vor gehört. Ringelröteln – eine ansteckende Virusinfektion. Nichts wirklich Dramatisches, aber Tilly muss erst einmal für ein paar Tage daheimbleiben.

Puh! Okay. Während ich gedanklich schon mal Tag und Wo-che umbaue, hektisch diverse Termine via WhatsApp absage und mich auf die heimische Isolationshaft mit einem Kinder-garten-Kind einstelle, erläutert die Ärztin die geradezu schulbuchmäßige Ausprägung der Krankheit bei meiner Tochter. »Schauen Sie mal, diese rote Girlande des Ausschlags. Im Prinzip mustergültig!« Na, wunderbar!

Weniger wunderbar ist die Tatsache, dass Kinder alle alterstypischen Krankheiten offenbar binnen kurzer Zeit bekommen können: Hand-Fuß-Mund-Krankheit, Ringelröteln, Scharlach, dicke Mandeln. Wir haben fast alles im Angebot. Aber der Vater lernt hinzu: Ab jetzt wird vorgebeugt: Vitamin D, Sanostol und die Spritze gegen Windpocken. Wir sind vorbereitet.

Seit jenem Tag besitze ich ein Buch: *Kinderkrankheiten – Verstehen und behandeln.* Dr. Google kann man ja nur bedingt trauen.

Aber man darf sich auch nicht zu früh freuen. Ich dachte, die Sache mit den Arztbesuchen würde ich im Laufe der Zeit locker hinbekommen. Denkste. Die Fallstricke lauern überall.

Vor einiger Zeit musste mal wieder eine Platzwunde in Mathildas Gesicht verarztet werden. Die Behandlung lief eigentlich glatt, bis die Ärztin fragte, wann Mathilda die letzte Tetanus-Spritze bekommen habe. Ich zuckte mit den Schultern. *Steht im Impfausweis. Und der liegt wo? Natürlich zu Hause. Na großartig.* Wie konnte ich den vergessen? Nächster Anfängerfehler.

Also alles noch mal von vorne. *Wo steht noch mal der Ordner mit den Dokumenten? Wer hat hier verdammt noch mal umgeräumt?* Und übrigens verabreicht der Arzt die Spritze nicht einfach so. Mutter und Vater müssen einverstanden sein. Also brauchte ich noch die Zustimmung von Ulrike. Himmel hilf! Und das alles binnen weniger Stunden. Eine logistische Meisterleistung war gefragt.

Fünf Telefonate, zwei Fußmärsche durch den strömenden

Regen und diverse Fluchtiraden später war nicht nur die Wunde versorgt, sondern auch die Tetanus-Impfung aufgefrischt.

Immer wieder was Neues! »Bitte Mathilda ... Ab jetzt beim Laufen immer nach vorne schauen.« (Sagte ich ja auch nicht zum ersten Mal). »Sonst kann ich mir beim Arzt gleich ein Feldbett aufstellen.«

Jeder Tag im Vater-muss-allein-klarkommen-Chaos ist eine unkalkulierbare Herausforderung. Ich nehme mir etwas vor – und schaffe es in der Regel doch nicht. Dabei sind aufgeschlagene Knie, schlechte Noten oder verbummelte Sweatshirts nicht mal das Schlimmste. Das kann ja passieren. Geht anderen Eltern sicher auch so.

Den Nerv rauben mir diese Vergesslichkeiten des Nachwuchses. Vor allem unser Großer hat an der »Muss ich mir bis heute Abend merken und den Eltern erzählen«-Stelle seines Gehirns eine Lücke in Größe eines Schulranzens. Während meine Frau das milde lächelnd »als typisch für Kinder in diesem Alter« abtut, frage ich mich, wann der fremdbestimmte Wahnsinn endlich ein Ende hat.

Ein Morgen bei uns kann auch so ablaufen:

»Du, ich brauche heute noch was Gelbes«, sagt Ben.

»Wie, was Gelbes?«, frage ich leicht abwesend, während ich versuche, Mathilda ihre neuen Turnschuhe anzuziehen, die meine Frau natürlich in der Variante mit Schnürbändern gekauft hat statt in der leicht zu beherrschenden mit Klettverschluss. Wie kann man nur so unpraktisch sein?

Ben verschwindet auf der Suche »nach etwas Gelbem«. Mir schwant nichts Gutes.

»Ben, wofür brauchst du was Gelbes?«, frage ich leicht genervt.

»Für das Sportfest. Ich bin Team Gelb. Alles andere steht auf der Checkliste. Ist in meinem Ranzen. Und ihr habt dazu mal eine Mail bekommen.«

»Ich habe keine Mail bekommen. Mama vielleicht.«

Verdammt, ich wollte mich schon so oft auf den Verteiler setzen lassen. Da ist sie wieder, die Todes-Kombi für jeden Chaos-Vater. Schulveranstaltung plus leicht abwesendes Kind bedeutet: komplette Planlosigkeit.

Das gilt übrigens auch für: »Ich muss morgen ein Kostüm für Geschichte mitbringen. Ich spiele George Washington« oder: »Heute brauchen wir drei exotische Früchte für Kunst.« Und noch besser: »Wir brauchen Styroporkugeln aus dem Bastelladen. Ich muss das Sonnensystem nachbauen.«

Absolut nie geht es um Dinge, die im deutschen Durchschnittshaushalt eher zu finden sind: einen Ball, eine Tiefkühlpizza, Schokolade, ein Cowboy-Kostüm oder irgendetwas mit Prinzessinnen. Oh nein! George Washington und Ananas! Geht's noch?

»Ben, seit wann schleppst du das mit dir herum?«, frage ich, als ich einen klebrigen Zettel aus den Tiefen des Schulranzens fische.

»Keine Ahnung, ein paar Tage. Oder Wochen. Es gab doch die Mail dazu. Wo ist was Gelbes?«

»Ach, Ben, Mail, Mail, Mail. Du musst mir so etwas trotzdem vorher sagen.«

Ich checke hektisch die Liste: Hut, Sonnencreme, Wasser – haben wir! Snack – holen wir schnell noch beim Bäcker. T-Shirt und Cap in Mannschaftsfarbe – verdammt! Blick in den Kleiderschrank. Da ist nichts. Oder finde ich jetzt nicht so schnell.

Noch zehn Minuten, bis wir ins Auto steigen müssen.

»Kannst du nicht Team Rot oder Blau sein?« Ben rollt mit

den Augen. Ich gebe ihm den Seidenschal meiner Frau (Gelb steht ihr ohnehin nicht ...) – erledigt!

Mathilda hat sich mittlerweile die Schuhe wieder ausgezogen und beklebt mein iPhone mit Glitzerstickern. Fehlt nicht mehr viel, dann koche ich über. Ich brauche auch mal was Gelbes. Und gerne auch noch etwas Rotes. Nämlich Sonne und einen Aperol Spritz dazu. Sehr, sehr weit weg. Ohne Kinder!

Meiner Frau wäre das vermutlich nicht passiert. Sie hat einfach den Überblick und kann fünf Bälle gleichzeitig in der Luft jonglieren. Sie ist eben eine Mutter. Und die haben uns Männern einiges voraus. Das habe ich im Gegensatz zu anderen Dingen sehr schnell kapiert.

Den Unterschied zwischen Vater und Mutter erkennt man schon beim Blick in die jeweiligen Taschen. Wenn ich aus dem Haus gehe, stopfe ich immer alles in meine Jeans: Schlüssel, Handy, Geldbeutel, Kaugummis, Taschenmesser, Flaschenöffner für das Bier nach dem Handball-Training. Die Handtasche meiner Frau hingegen hat in etwa die Größe eines Kleinstaates, ist dafür aber auch deutlich strategischer bestückt als meine Hosentaschen.

Neben Geldbeutel, Schminkzeug, Handy & Co. finden sich darin: Gummibärchen, der Ersatzschlüssel für Sohnemann Ben, Müsliriegel, Taschentücher, Buntstifte, Wasserflasche, Pflaster, Feuchttücher und natürlich Rainbow Dash, die einzige *My Little Pony*-Figur, die zuverlässig hilft, wenn Mathilda gar nicht mehr zu beruhigen ist – sowie diese ominösen »Rescue-Tropfen«. Keine Ahnung, was das genau ist. Für mich handelt es sich um Hokuspokus. Aber sie scheinen zu helfen.

Ich gebe zu: Im Notfall, auf dem Spielplatz bei der Erstversorgung einer Beule oder eines aufgeschnittenen Fingers, bei akuter Langeweile oder Geheul nach Süßigkeiten, ist meine Frau mit ihrer Kleinstaat-Tasche deutlich besser aufgestellt.

Irgendwann habe ich mir dann auch einen Rucksack zugelegt – Modell »Liechtenstein«.

Und auch an anderer Stelle lerne ich als Fulltime-Daddy jeden Tag von den Müttern. Irrtümlicherweise hatte ich angenommen, bei Elternversammlungen würde es sich um ebensolche handeln: Eltern versammeln sich und reden zum Wohl ihrer Kinder. Dabei trinkt man nett einen Wein, und um spätestens 20 Uhr gehen alle glücklich auseinander.

Weit gefehlt. Elternabende sind für mich eine Mischung aus unfassbar öde und knallhartem Kampf. Wer hier nicht vorbereitet ist, wer zögert oder Schwäche zeigt (oder mal kurz weggenickt ist), der verliert!!!

Eine typische Elternversammlung in der Schule oder Kita: Der Ärger fängt schon bei der Uhrzeit an. Ab 19 Uhr wird es schwierig. Die erste Halbzeit des Fußballspiels kann ich mir schon mal abschminken. Bis ich zu Hause bin ... Ich überlege, ob ich mich aufs Klo schleichen und auf dem Smartphone das Spiel schauen soll, entscheide mich aber dagegen. Je schneller wir das hier hinter uns bringen, desto besser.

Ich kann auf den niedrigen Hobbit-Stühlen in der Kita ohnehin maximal zehn Minuten entspannt sitzen. Dann schmerzen Rücken und Knie. Und trockene Kekse und stilles Wasser sind eigentlich auch die Ober-Frechheit. Zumal sich nie jemand traut, den ersten der sorgsam abgezählten Käsecracker aufzuessen. Warum gibt es bei Elternversammlungen eigentlich keinen Grauburgunder oder wenigstens eine kleine Schorle? Das meine ich völlig ernst. Es würde vieles erleichtern. Man kommt schneller auf Betriebstemperatur – und wird vielleicht auch schneller fertig. Werde ich mal vorschlagen. Oder einfach drei Flaschen mitbringen.

Quälend langsam erklärt die Erzieherin das pädagogische

Konzept. Ich überlege, ob mein Team schon getroffen hat, und bin einen Moment unaufmerksam. Als ich wieder hochschaue, herrscht vielsagendes Schweigen. Schon fertig? Super! Die zweite Halbzeit ist gerettet!

Von wegen! Die Erzieherin räuspert sich und wiederholt ihre Frage: »Nun, wer macht dieses Jahr den Elternsprecher?« Erst jetzt bemerke ich: Alle Blicke sind auf mich gerichtet. Fordernd, berechnend, eiskalt. Ich kann nicht weiter starr auf die Erde schauen, verliere die Nerven und knicke ein. »Okay, ich mache den Elternvertreter.« Die Damen applaudieren. »Kann ja auch wirklich mal ein Mann machen. Wir freuen uns.«

Entnervt schreibe ich meiner Frau eine WhatsApp. »Neuer Job: Elternsprecher!« Die fiese Antwort kommt prompt: »Hahaha! Anfängerfehler. Nie hochschauen. Wer zuerst zuckt, hat verloren.« Vielen Dank auch! Mir reicht's für heute Abend!

Ich beschließe: Rückzug in die Defensive. Ich murmle was von »muss mal« und mache mich auf zur Toilette. Dort steht ein anderer Vater (irgendwo muss noch eine Elternversammlung sein), und auf seinem iPhone läuft Fußball. Wir verstehen uns! So ist das mit dem Mann in der Mutterrolle. Der Weg vom Elternabend-Verlierer zum Daddy Cool ist steinig.

Meine Skepsis war groß: Ich werde das niemals schaffen – und vor allem niemals Freude am Mutter-Job haben. Der ist einfach nichts für uns Männer. Jedenfalls nicht für mich. Es ist gegen meinen inneren Kompass. Das kann nicht funktionieren. Aber Verzweiflung ist ja auch keine Lösung! Irgendwann habe ich beschlossen, auf Angriff umzuschalten, und dachte: Es ist wie beim Sport. Übung macht den Meister — und der Spaß kommt mit dem Erfolg. So könnte es vielleicht funktionieren. Das war zumindest der Plan. Aber eins wurde mir dann doch sehr schnell klar: Ich werde den Mutter-Job niemals so hinbekommen wie meine Frau. Aber: Das muss ich vielleicht ja auch gar nicht.

Wir Männer machen vieles anders – aber nicht unbedingt schlechter. Wir gehen unseren eigenen Weg. So nämlich: Ich habe schnell begriffen, dass es vermutlich nicht klug ist, Mama zu kopieren. Männer und Frauen ticken einfach anders – auch bei der Kindererziehung. Also lieber einen eigenen Ansatz finden. Die Dinge Schritt für Schritt gestalten – und aus Fehlern lernen. Es gibt ja kein Handbuch für den Job des Familien-Managers. Die Lösung: hinfallen, aufstehen, schütteln, weitermachen. Dass meine Frau mir immer zugetraut hat, die Dinge in den Griff zu bekommen, Fortschritte sieht und anerkennt, macht mich schon auch stolz.

Irgendwann kam sie am Ende eines stinknormalen Tages nach Hause, knutschte uns alle ab und ließ sich mit einem Glas Wein auf die Couch fallen. Mathilda, das gerissene Biest, sah ihre Chance gekommen: »Mama, liebste, tollste Mama, darf ich heute ausnahmsweise noch einen zweiten Nachtisch essen und auf dem iPad spielen? Bitte, ich habe heute noch gar nicht geschaut.«

Das war natürlich voll gelogen. Aber ich intervenierte erst einmal nicht. Meine Frau nippte an ihrem Wein und sagte: »Frag den Papi. Ich war doch den ganzen Tag nicht da.«

Na also. Geht doch!

Kapitel 3

**Exot Vollzeitvater.
Kapiert hier jemand, wer ich bin –
und was ich tue?**

Muss der Typ nicht langsam mal ins Büro?

Andere Mütter

*A*ch, du bleibst jetzt ganz zu Hause?« Aus der Stimme der Mutter von Mathildas Freundin hörte ich Zweifel und tausend Fragen heraus: Das ist ja wohl mal richtig ungewöhnlich. Wie geht das? Geht das überhaupt? Könnt ihr euch das leisten? Kannst du das, so als Mann?

Nein, ihre Reaktion auf meine Ankündigung, jetzt Vollzeitpapa zu sein, war überhaupt nicht so, wie ich mir das vorgestellt hatte. Ich dachte, gerade die Mütter müssten sich doch freuen, wenn ein Vater die Seiten wechselt. Wenn einer von uns ernsthaft wissen will, was der Job bedeutet: Familien-Manager, erster Ansprechpartner für alle Kinderfragen, den Großteil der Versorgungs- und Erziehungsarbeit stemmen. Einbruch in eine Frauen-Domäne. *Trauen sie mir das letztendlich gar nicht zu? Wollen die vielleicht einen Mann gar nicht unbedingt dabeihaben? Sind Mütter-Runden in Wahrheit geschlossene Veranstaltungen? Wer keine Presswehen gestemmt hat, dem bleibt auch der Zutritt zum Club verwehrt?*

Nein! Das nicht. So viel kann ich heute sagen. Aber es kommt eben nicht so oft vor, dass ein Papa ganz daheimbleibt. Vielleicht ist es ein wenig so, wie es dem Ehemann von Bundeskanzlerin Angela Merkel zu Beginn beim Partnerprogramm auf Staatsbesuchen vorgekommen sein muss. Erst einmal seltsam, erst einmal Außenseiter.

Der Ich-kümmere-mich-um-fast-alles-Papa ist auch heute immer noch ein Exot. Natürlich gibt es immer mehr Männer, die für ein oder zwei Monate in Elternzeit gehen oder auch mal Teilzeit arbeiten. Aber Fulltime, mit allen Verantwortlichkeiten? Eher nicht. Trotz vieler flexibler Elternzeitmodelle sehen ihn die gesellschaftlichen Routinen bisher noch nicht vor. So empfinde ich das jedenfalls.

Es gibt eben einen eklatanten Unterschied zwischen Theorie und Praxis. In der Theorie ist manches denkbar. Aber in der Praxis ist und bleibt der Vollzeitpapa die Ausnahme, der Exot, der zugunsten der Familie und der Karriere seiner Frau für längere Zeit daheimbleibt. Der akzeptiert, dass nicht er der Versorger der Familie ist – und sich in finanzielle Abhängigkeit seiner Frau begibt. Es ist in unserem Weltbild, in unseren Köpfen, einfach noch nicht vorgesehen. Nicht gelernt. Nicht selbstverständlich. Bei mir war das jedenfalls so.

Und weil das so war, hat es auch eine Weile gedauert, bis ich beim Kinderarzt, auf dem Spielplatz und in der Schule als das gesehen wurde, was ich bin – nämlich der erste Ansprechpartner, wenn es um die Kinder geht. Als derjenige, der hier und heute das macht, wofür sonst in vielen Fällen Mama zuständig ist.

Typischer Fall: Mathilda hat mal wieder akute Bauchschmerzen und muss abgeholt werden. Und an wen wendet sich die Kita? An die Gattin – obwohl ich schon zu dem Zeitpunkt immer die Kinder geholt und gebracht habe. Anfangs wurde bei sämtlichen Problemen des Nachwuchses fast immer erst meine Frau aus irgendwelchen Meetings geklingelt. Die dann wiederum mich anrief, damit ich das betreffende Kind abholte. Irgendwann stellte sich heraus, dass sie noch immer als Hauptkontakt hinterlegt war. Hatte ich doch eigentlich schon ändern lassen. Oder nicht? Irgendwie hielt sich der Fehler jedenfalls hartnäckig.

Auch meine Tochter hat auf die Frage, wer denn nun angerufen werden solle, lange »die Mama« und nicht »der Papa« gesagt. Ist das nicht eigenartig? Sie hätte es doch besser wissen müssen. Aber selbst bei ihr hat es gedauert, bis sie verstanden hat, dass es tagsüber »nur« Papa gibt. Selbst die Sprechstundenhilfe des Arztes kam zu Besprechung der Laborergebnisse des Bluttestes anfänglich bei meiner Frau raus – obwohl Papa den Vormittag mit dem Nachwuchs im Wartezimmer verbracht hatte.

Bei Elternversammlungen, auf Spielplätzen an einem Mittwochnachmittag um 15.30 Uhr, zur Schuleingangsuntersuchung und beim Ballettunterricht: Überall sind Papas in der Unterzahl. Es gibt nur zwei Ausnahmen, die mir in den Jahren aufgefallen sind: Der Fußballplatz und die Schwimmhalle sind fest in Männerhand! Punkt eins ist ja logisch. Wer sonst könnte sich am Spielfeldrand besser aufregen als die überengagierten Väter. Wir sind ja alle Hobbytrainer und Freizeitkicker. In Deutschland gib es locker, sagen wir, zehn Millionen Bundestrainer. Und wir wissen es alle besser als der Teamchef: Taktik, Aufstellung, Spielweise – würde ich alles anders machen. Klar! Und wenn die Nationalmannschaft verliert, kann ich sagen: Seht her, hab ich gleich gewusst. Und wenn die Jungs gewinnen, hätten sie es mit meiner Aufstellung natürlich auch geschafft – gilt übrigens von der Kreis- bis zur Bundesliga. Am Spielfeldrand kann man also nicht verlieren. Ich habe übrigens schon vor der WM in Russland gesagt, dass die Deutschen die Vorrunde nicht überstehen ... Ungelogen!!!

Irgendwann hat Ben auch mal ein Fußballcamp mitgemacht. Das fanden wir wichtig. Ben nicht so sehr. Aber Fußball ist nun mal die Sportart Nummer eins in Deutschland. Und die sollte er auch ausprobieren.

Meine Frau und ich saßen in der Mittagshitze und beklatschten jede Aktion des Nachwuchses. Bens Engagement hielt sich allerdings in Grenzen. Bis kurz vor Spielende. Da gelang unserem großartigen Mittelfeld-Akteur die Vorlage für das entscheidende 3:2. Dass er dafür einen Gegner etwas unsanft umholzen musste – geschenkt! Die Gattin und ich sprangen begeistert auf und jubelten Ben zu. Blöd nur, dass die Mutter des Gefoulten direkt vor uns saß.

»War des Ihr Sohn, der mein Simon da grad so bös umghaue hat? Des isch e Unverschämtheit!«

»Wie bitte?« Meine Frau echauffiert sich ja gerne mal aus dem Stand – auch ohne Fußball-Expertise: »Was heißt hier Unverschämtheit? Mein Sohn hat Ihren doch nicht mal berührt. Ihr Simon sollte Schauspieler werden! So eine Schwalbe schafft nicht mal der ... Rummenigge!«

Die Damen standen sich direkt gegenüber. Wenn ich Ulrike auf den Kopf zu gesagt hätte, dass Rummenigge seine Karriere als aktiver Fußballer bereits vor Jahrzehnten beendet hat, hätte das vermutlich nicht zur Deeskalation beigetragen. Besseres Vorgehen: Ich hakte meine Frau beherzt unter und wechselte mit ihr den Sitzplatz. Am Spielfeldrand geht es eben rau zu!

Abgesehen von dieser kleinen Pöbelei der Kindsmutter sind wir aber eher am unteren Engagement-Spektrum anzutreffen. Die »richtigen« Fußball-Eltern feuern den Nachwuchs mit Tröten an, beschimpfen den Schiedsrichter und nehmen alles für die spätere Detailanalyse auf Video auf. Fußball ist eben kein Spaß. Es wird nicht gelacht, es wird gearbeitet. Und wenn ein Kind mal umgeholzt wird, beweinen viele Väter nicht die Schramme am Knie des Nachwuchses, sondern brüllen: »Steh auf!!! Mach weiter!«

Mein Freund Martin, ein knallharter Private-Equity-Manager und auch ansonsten nicht zimperlich, rastete kürzlich bei einer angeblichen Fehlleistung des Schiedsrichters beim Spiel seiner Jungs derart aus, dass seine Frau und die Söhne hinterher in Tränen aufgelöst waren. Um den Fußballfrieden wieder halbwegs herzustellen, spendete er eine größere Summe an den Verein ...

Auch im Seepferdchen-Kurs betreuen mehr Papas als Mamas den schwimmflügelerfahrenen Nachwuchs – selbst wenn da nicht gefoult wird und reinrufen nichts bringt. Ich habe keine Ahnung, warum. Vielleicht, weil der Kurs am Wochenende stattfindet, wenn die sonst im Büro arbeitenden Väter Zeit haben? Oder vielleicht, weil es Sport ist? Oder weil mit wenig zeitlichem Aufwand ein prestigeträchtiges Ergebnis zu erreichen ist? Ein Abzeichen! Etwas Vorzeigbares! Stolz!!!! Und das ziemlich schnell.

Nach zehn Einheiten à dreißig Minuten können die kleinen Racker in der Regel schwimmen. Ein übersichtliches Investment. Und als Vater muss man nicht viel tun. Die Schwimmlehrer kümmern sich – und man kann in Ruhe den Sportteil der Tageszeitung lesen.

Ja, Zeitung. Smartphone geht nicht. Zu viel Abschirmung in der Betonhalle. Kann man sich also in aller Ruhe durch den Print-Sportteil arbeiten, zwischendurch immer mal interessiert gucken, winken und sich angemessen beeindruckt von den Fortschritten des Kindes zeigen. Ich war in dieser Situation allerdings etwas angespannt – immerhin war ich zu DDR-Zeiten auch mal ein ambitionierter Schwimmer gewesen. Das Talent sollte also in der Familie liegen. Es musste in der Familie liegen! Sicherheitshalber (falls es mit dem Talent doch nicht so weit her sein sollte) hatte ich vorher fleißig mit Tilly geübt.

Zum Glück hat sie in sieben Einheiten Schwimmen gelernt. Fünf wären mir lieber gewesen – aber wer will schon überehrgeizig sein ...

Aber zurück zum Thema: Ich bin nämlich auch unabhängig vom Sport der erste Ansprechpartner bei Problemen – für kleine wie große. Ich kümmere mich, wenn es in der Schule nicht läuft, Mathilda mal wieder diejenige ist, die die anderen Kinder herumkommandiert. Ich mache das Essen, überwache die Hausaufgaben und *versuche* zumindest, die Wohnung nicht komplett verwahrlosen zu lassen.

Und ich fahre alle zur Schule, zum Training oder zum Kindergeburtstag. Ich verbringe mehr Zeit im Auto als anderswo – gewissermaßen als Chef des Hol- und Bringdienstes.

Nichts bindet mehr Zeit als das Umhergekarre von Kindern. Es sind ja nicht nur die Wege zur Schule oder Kita. Ein Kleinkind können Sie natürlich nicht mal nur um die Ecke allein zum Ballettunterricht schicken. Und den Großen lasse ich auch nicht gern nach dem Basketball-Training um 20.30 Uhr ohne Begleitung mit der S-Bahn zwanzig Minuten quer durch Berlin kurven.

Heißt: Ich muss immer einsatzbereit sein – und Nerven aus Stahl haben. Auch weil bei uns im Auto entweder eisern geschwiegen wird (wenn man gerne mal etwas aus Schule oder Kita erfahren würde) oder gestritten (wenn etwas Ruhe angebracht wäre). Nach drei Minuten liegen sich die beiden gerne auch schon mal in den Haaren.

Typischer Dialog bei einer Heimfahrt:

»Mathilda, mach endlich das Fenster hoch. Es regnet und ist kalt.«

»Ich brauche aber frische Luft.«

Der große Bruder genervt: »Die macht nicht, was ich sage.«

»Mathilda! Mach, was dein Bruder sagt«, schalte ich mich ein.

»Macht sie aber nicht.«

»Muss ich auch nicht.«

»Doch, musst du!«

»Ben, bitte. Könnt ihr das hinten allein regeln!«

Dreißig Sekunden später.

»Papa, Ben hat mich gehauen.«

»Stimmt ja gar nicht.«

»Doch, hast du.«

Oh Mann! Irgendwie scheint das Auto der Ort zu sein, wo alles mal raus muss. Und das bekommt der Chauffeur natürlich voll ab.

Wie das nervt! Versuchen Sie mal, einen Streit auf den billigen Plätzen zu schlichten, während Sie auf den Verkehr achten müssen. Unmöglich. Lektion gelernt: Im Auto schalte ich einfach auf Durchzug. Das klären wir später.

Es hat schon etwas gedauert, aber mittlerweile kennt mich jeder – vom Hausmeister bis zum Schuldirektor. Vom Kinderarzt bis zur Ballettklasse. Vom Basketballtrainer bis zum Schulpsychologen. Ulrike dagegen stellt sich auch heute noch manchmal mit »Ulrike – die Mama von ...« vor, wenn sie Mathilda aus der Kita oder Ben aus der Schule abholt. Für sie ist das eben keine tägliche Routine. Eher ein besonderes Ereignis, eine Chance zu sehen, was sich wieder alles so verändert hat in den Klassenräumen – und endlich mal wieder auf andere Eltern zu treffen.

Die Eltern von Bens Schulkameraden und Mathildas Kita-Freunden sind großartig. Ein echter Glücksfall! Manchmal brauche ich mehr Zeit, um vom Hof wieder runterzukommen als für die gesamte Fahrt und Übergabe der Kinder.

Und das ist nicht gerade wenig. Während Ben sich quasi schon am Zebrastreifen vor der Schule aus dem Auto stürzt und mit seinen Kumpels auf und davon ist (Tschüss-Sagen fällt regelmäßig aus!), muss ich mit Mathilda erst noch einen Parkplatz suchen. Das ist rund um die Schule im Berliner Berufsverkehr nicht so einfach. Wenn wir dann einen haben, wird unter Garantie gemeckert, dass er zu weit weg sei, die Beine schmerzten, die Tasche zu viel wiege oder es eine Zumutung sei, bei dem Regen hundert Meter laufen zu müssen.

Dann die Frage: Fahrstuhl oder Treppe? Ich bin für Bewegung, Madame natürlich nicht – jedenfalls nicht morgens. Wir haben uns auf einen Kompromiss geeinigt: Dienstags und donnerstags sind unsere Treppen-Tage. Trotzdem wird bei jedem Schritt gebummelt, gemosert und nach irgendwelchen Begründungen gesucht, warum es heute ganz besonders wichtig ist, früher als sonst abgeholt zu werden.

Angelangt an der Kita-Tür, stehe ich fast jeden Morgen vor dem gleichen Problem: Wie war noch mal der blöde Code? Ich kann ihn mir einfach nicht merken – und bin auch zu faul, dafür extra die Notizen in meinem Handy aufzumachen. Außerdem muss es doch auch ohne gehen. Ich habe schon alles Mögliche eingegeben: die Pin meiner Kreditkarte, den Geburtstag meiner Mutter. Es ist zum Verzweifeln. Und zu allem Überfluss wird der Code auch noch regelmäßig geändert. Das ist zwar total richtig, überfordert mich und mein Zahlengedächtnis aber. Freunde, da steig ich aus.

Zum Glück geht es zwischen acht und neun vor der Tür zu wie in einem Taubenschlag. Da huschen wir einfach mit durch.

Damit ist das Abgabe-Ritual aber längst nicht erledigt. Ich kenne keinen Menschen, der länger braucht, seine Jacke auszuziehen und in die Hausschuhe zu schlüpfen, als meine Tochter.

Typischer Morgen-Dialog am Garderobenschrank:

»Mathilda, jetzt mach doch mal.«

»Papa, ich beeil mich ja.«

»Den Eindruck habe ich nicht!«

»Es geht eben nicht so schnell.«

»Alle anderen Kinder sind aber schon fertig.«

»Papa, du nervst.«

»Fräulein, so nicht. Nicht frech werden.«

»Jaja, Papa. Schon gut.«

»Mathilda, falscher Fuß. Dieser Hausschuh gehört an den linken. Das kann doch nicht so schwer sein.«

»Dann hilf mir doch mal.«

»Auf keinen Fall. Das kannst du allein.«

»Dann dauert es eben.«

»Jetzt mach einfach. Und die Jacke gehört nicht auf den Boden – sondern in den Spind.«

Irgendwann schaffen wir es dann aber doch jeden Morgen in den Gruppenraum. Dort warten schon die Erzieher. Dann noch ein kurzes Problembewältigungs-Gespräch zum ewigen Zoff zwischen Mathilda und einigen Jungs, die sich »manchmal wie Dinosaurier« aufführen. Und offenbar hat Mathilda beim »Friseur-Spielen« einem anderen Mädchen ein paar Haare zu viel abgeschnitten. Puhhh ... Und schließlich müssen natürlich noch die Basteleien bestaunt und verstaut werden.

Himmel, hilf.

Mathilda schneidet, klebt und malt den lieben langen Tag – zumindest im Kindergarten. Es entstehen seltsam exotische Figuren aus Klopapierrollen und Kronkorken, riesige Landschaften aus Pappe, garniert mit alten Eierbechern, und Bilder zu allen möglichen Themen – vor allem zu Pferden, Hunden und Hasen, alles schön mit Glitzer ausgestaltet – »mega voll toll«. Und natürlich werden sie mir vorgestellt und ausführlich erläutert. Dann darf ich die zugegebenermaßen nicht immer besonders ansehnlichen Werke mit nach Hause nehmen, wo sie auch noch Mama und dem geliebten Brudi stolz präsentiert werden – ehe die »herzlose« Gattin sie kurzerhand in der Papiertonne entsorgt. Heimlich natürlich!

Zu guter Letzt muss ich noch um mein Abschiedsküsschen kämpfen. Die junge Dame vergisst das regelmäßig. Aber nicht mit mir! Ein Küsschen ist mein Tageslohn. Das kann ich als Vater ja wohl erwarten.

Auf dem Weg zurück zum Auto begegnen mir dann die Eltern der anderen Kinder: Hier noch ein Plausch mit der Mama von Fred, da noch ein Play-Date mit dem Papa von Liam verabreden. Kurz noch mit der Mutter von Leo die Daten für Bens Klassenarbeiten abgleichen. Und klar, ein schneller Kaffee in der Bäckerei am Eck mit Claudia ist auch immer noch drin. Ich liebe diese Morgenstunde. Endlich mal Austausch mit anderen *erwachsenen* Menschen.

Mütter, die mich nicht kennen (gibt es erstaunlicherweise auch), schauen mich dann gelegentlich eher skeptisch an. Muss der Typ jetzt nicht mal langsam ins Büro, scheinen sie zu denken. Das sehe ich ihren Gesichtern an. Nein, muss ich nicht. Ich muss jetzt in den Supermarkt und dann zum Steuerberater.

Meine Frau bringe ich meist abends »auf Stand« – manchmal auch erst am Wochenende. Ich düse immer etwa eine halbe Stunde mit ihr durch die Themen des Tages. Am Anfang meines neuen Lebens habe ich das einfach aus dem Stegreif gemacht und dabei leider immer die Hälfe vergessen, was aber oft erst aufgefallen ist, als es zu schon spät war. Verdammt!!!

»Neue Sandalen für Mathilda hätten wir unbedingt früher bestellen müssen. Und wir hätten auch vorgestern schon für die Geburtstagsfeier von Bens Kumpel zusagen sollen«, fasst Ulrike nüchtern zusammen. »Dann können wir aber nicht in den Garten fahren.«

Ach ja, deswegen lag das Thema ja auch noch rum. Es war das reinste Chaos.

Also habe ich beschlossen, die Sache genauso effizient zu regeln wie früher die To-dos im Job: Ich führe heute eine Excel-Liste! Unterteilt in vier Blöcke: Kinder, Haushalt, Finanzen, Sonstiges.

Lachen Sie nicht! So ein Alltag mit Kindern ist einfach vielschichtig und manchmal ganz schön hinterhältig. Dank Excel habe ich jetzt aber jederzeit Kontrolle über das Tagwerk, und Ulrike verpasst nichts. Ist ein bisschen wie bei einer Aufsichtsratssitzung. Überprüfung des Vorstands mit ein wenig Abstand. Ist auch für mich als Family-CEO manchmal ganz hilfreich.

Abends sprechen wir dann durch, zu welchen Kindergeburtstagen Mathilda eingeladen ist, welche Projektarbeiten Ben bis zum Halbjahresende noch abliefern muss – und ob die beiden noch neue Goldfische bekommen sollen, weil der Reiher oder die Katze des Nachbarn unseren Gartenteich mal wieder mit einer Sushi-Bar verwechselt haben.

Noch mal zurück zum Stichwort Effektivität. Weil man ja abends nach einem Tag mit Kindern gerne mal schon um 21 Uhr müde zusammensackt – und meine Frau nach einem langen Tag nicht mehr so aufnahmefähig ist, habe ich jüngst eine neue Meeting-Routine eingeführt: Wenn ich die Kinder abgeliefert habe, bringe ich wann immer möglich die Gattin zur Arbeit. Normalerweise dauert das vom Prenzlauer Berg aus nur zehn Minuten. Aber im morgendlichen Berliner Berufsverkehr werden daraus auch gerne mal zwanzig. Darüber ärgert sich vermutlich jeder normale Mensch – nur ich nicht. Zwanzig Minuten sind grandios. Zwanzig Minuten im Auto ohne Ablenkung für das Abarbeiten der Excel-Tabelle.

Diese Runden und Fahrten sind mir heilig, weil ich nicht will, dass meine Frau sich ausgegrenzt fühlt. Sie soll immer über alle Themen informiert sein. Das war mir früher auch immer extrem wichtig. Und trotz aller Aufgabenteilung sind Kinder logischerweise nicht nur gemeinsames Glück, sondern auch gemeinsame Herausforderung. Und für manche Fragen ist Mama eben einfach besser geeignet. Das wird sich auch nicht ändern.

Aber nicht nur ich musste mich erst einfinden, ja, neu erfinden. Auch meine Frau, meine Kinder – und vor allem mein Umfeld mussten sich an die neue Situation gewöhnen. Zum Glück können Ulrike und ich meist darüber lachen, wenn wir uns mal wieder im Gestrüpp des Rollentausches verhakt haben. Das geht auch gar nicht anders. Manche Dinge muss man mit Humor nehmen.

Schritt für Schritt kam ich also voran.

Irgendwann hatte ich mein Umfeld so weit, dass es mich als ersten Ansprechpartner wahrnahm. Die Ärzte, die Mütter der Freunde von Ben und Mathilda, Kita und Schule: Alles, was unsere Kinder und den Haushalt betrifft, kommt zuerst bei mir an. Dieses Problem war gelöst. Allerdings gab es noch zahlreiche andere, die aus der Welt geschafft werden mussten. Stichwort Babysitter, Sport und Abendroutinen. Aber das kapierte ich erst später.

Kapitel 4

Raus aus dem Chaos!
Die schwierige Suche nach einem
Babysitter – und das Glück einer
gelassenen Familie

> *Du darfst
> nicht gegen
> den Ski arbeiten.
> Einfach
> laufen lassen.*

Lebensweisheit meines
Schwiegervaters

*D*as Dasein als Vollzeitvater bindet mich natürlich in erster Linie zu Hause. Oder besser: auf einer Strecke von vier Kilometern zwischen unserer Wohnung und der Kita. Das liegt in der Natur der Sache. Mein Job beinhaltete eben keine Dienstreisen, keine Büroarbeit am anderen Ende der Stadt und keine Abendtermine mit Kunden. Gelegentlich fehlt ganz einfach der Ausgleich. Nur zu Hause für die Kinder da sein? Hilfe, da drehe ich durch. Lagerkoller par excellence!

Ich muss abends auch mal raus – mit meiner Frau. Und zwar *nur* mit meiner Frau. Gerne auch gemeinsam mit meiner Frau und anderen Menschen – vorausgesetzt, sie sind über 30 und in der Lage, ihre Drinks notfalls selbst zu bezahlen.

Wann waren wir eigentlich das letzte Mal im Kino? Ich kann mich gar nicht mehr erinnern. Heute warten wir, bis es den begehrten Film auf iTunes oder bei Netflix gibt. Theater? Fehlanzeige. Ein sexy Wochenende zu zweit in einem romantischen Spa-Hotel? Die Wiedervereinigung von Nord- und Südkorea ist derzeit wahrscheinlicher als die zwischen meiner Frau und mir in einem romantischen Hideaway …

Zeit zu zweit ist in jeder Ehe extrem wichtig. Sind Kinder da, muss man sich diese Zeit buchstäblich erarbeiten. Besser noch, fix planen, denn von alleine ergibt sich gar nichts mehr. Solange Babysitter-Bedarf herrscht, ist spontanes Ausgehen nicht mehr drin. Die kinderfreie Zeit muss man sich organisieren. Die Amerikaner nennen diese Verabredung zwischen Eheleuten übrigens »Date Night« – und genau das wollte ich mit meiner Frau auch mal wieder haben: ein richtiges Date!

Mit Kerzenschein, leiser Musik. Und in einem Restaurant, das teuren Rotwein, aber garantiert keine Gerichte namens »Nemo« oder »Pumuckl« auf der Karte hat.

Nicht nur als Papa und Mama zu funktionieren, sondern sich miteinander als Mann und Frau zu fühlen, sich immer wieder klarzumachen, weshalb man sich ganz ursprünglich in den anderen verliebt hat, ist für alle Eltern essenziell. In unserer Konstellation mit vertauschten Rollen sogar doppelt wichtig. Und so, wie meine Frau früher sagte: »Ich hab mal wieder Lust, meine neuen Pumps auszuführen – die waren teuer, die muss ich noch abamüsieren ...«, habe ich heute auch echt Lust darauf, mich ab und an wieder in einen Anzug zu schmeißen, die beste Uhr anzulegen und die Sneakers gegen polierte Chelsea Boots zu tauschen.

Das Beste am Essen gehen zu zweit – neben der Tatsache, dass ich ungestört in die schönen braunen Augen meiner Frau (und in ihr Dekolleté) schauen kann: Es quatscht endlich mal kein Kind dazwischen, schmeißt sein Glas um oder bekommt alles mit, was sich die Eltern erzählen. Vor allem die Dinge, die es nichts angehen.

Meine Güte! Unsere Kinder haben das selektive Hören professionell drauf: »Zimmer aufräumen« oder »Licht ausmachen« rauscht ohne Effekt durch, aber wehe, man will mal zwei Sätze über die Deutschlehrerin lästern oder ein Job-Problem besprechen. Dann kriegen sie selbst aus dem Nebenzimmer noch alles mit. »Ich hör dich, Papa! Auch wenn ihr flüstert!«

Früher konnten wir auf die englische Sprache als Rückzugsort für ungestörte Kommunikation umsteigen. Ist längst nicht mehr drin (massiver Nachteil einer bilingualen Schule/ Kita!). Unsere Kinder können mittlerweile schon besser Englisch als ich. Und unsere übrigen Fremdsprachen-Kenntnisse sind nicht kompatibel: Meine Frau spricht kein Russisch (was mir im Osten noch eingetrichtert wurde) und ich kein Französisch. Also bleibt nur schnelles Buchstabieren. Oder Gespräche bei regelmäßigen »Date Nights«.

Am liebsten werden die Kids in unserer Abwesenheit natürlich von den Großeltern betreut. Die haben eine Engelsgeduld, sind für verrückte Pläne zu haben (»Komm, Oma, wir hüpfen auf dem Trampolin und versuchen dabei, Eis zu essen«) und drücken auch mal ein Auge zu, wenn auf der PlayStation unbedingt noch eine Runde Fortnite zu Ende gespielt werden muss.

Meine Mutter lebt rund eine Stunde von Berlin entfernt und wird deshalb regelmäßig von uns als Babysitterin angefragt. Blöderweise hat meine Tochter den Tick entwickelt, nirgendwo anders übernachten zu wollen, weshalb Oma jedes Mal mit Sack und Pack nach Berlin kommt. Kann man auch nicht immer verlangen.

Meine Schwiegereltern, die ihre Enkel auch heiß und innig lieben, leben wiederum in Österreich. Gefühlt könnten sie auch gleich auf dem Mond leben – von Berlin aus viel zu weit für »Wir wollen heute mal schick essen gehen«-Anfragen. Dafür ist ihr Haus in den Tiroler Bergen ein Lieblingsferienort unserer Kinder. Gerne genutzt – vor allem seit sie alleine fliegen können. Ist irre toll – hilft uns aber im Tagesgeschäft nicht weiter.

Aber wie findet man in einer Stadt wie Berlin einen Babysitter? Man gibt schließlich das Wichtigste im Leben in fremde Hände – und seit meine Frau bei einer Boulevardzeitung arbeitet und ständig mit irgendwelchen Horrorgeschichten konfrontiert wird, ist sie leicht paranoid. Ich kann es ein Stück weit verstehen: Wir sprechen hier von einem Fremden, der plötzlich für die Kinder verantwortlich sein soll. Dem man vertrauen muss. Da kann einem einfach gar nichts recht sein.

Die Lage war verspannt. Wir waren es zunehmend auch.

Und hier kamen meine wunderbaren Schwiegereltern ins Spiel. Rike und Hansjörg haben drei Töchter und acht Enkelkinder. Sie sind mit allem ausgestattet, was man braucht, um das Haus- und Kinder-Chaos zu managen. Mein Schwiegervater weiß immer Rat.

Bei meinem Kampf um den richtigen Weg im Vollzeitvater-Dasein hat mir Hansjörg oft geholfen. Es ist seine besondere Art, mit den Dingen umzugehen. Hansjörg (oder »Grogro«, wie ihn die Enkel als Abkürzung von »Großvater« nennen) ist der entspannteste Mann, den ich kenne. Er strahlt die Gelassenheit eines Menschen aus, der schon viel erlebt hat. Ich würde sagen, ihm steht das Abenteurer-Leben ins Gesicht geschrieben. Er sieht aus wie der Marlboro-Mann, hat während des Bergbauingenieur-Studiums in einer Silbermine in Kanada gearbeitet, fährt eine Harley Davidson »Fat Boy« und klettert auf die höchsten Berge Österreichs. Er war fünf Jahrzehnte begeisterter Fallschirmspringer und ist super fit, weil er im Winter Ski fährt und joggt und im Sommer joggt und ins Fitnessstudio geht. Vor ein paar Jahren ist er mit Freunden, die im Schnitt locker zwanzig Jahre jünger sind, auf den 3798 Meter hohen Großglockner gestiegen – und auf Skiern wieder abgefahren. Sein einziger Kommentar nach dem Abenteuer: »Ja, viel schneller als ich waren sie jetzt auch nicht.«

Und er ist nicht gerade zimperlich. Auf der Farm meiner Schwägerin Julie in Kanada half Hansjörg seinem Schwiegersohn Jeremy, eine kleine Holzbrücke zu bauen. Dem rutschte dann nach dem dritten Schlag bei Nieselregen der schwere Hammer aus der Hand und knallte mit voller Wucht in Hansjörgs Gesicht. Die klaffende Platzwunde direkt neben dem Auge musste genäht werden. Da die nächste Klinik weit entfernt ist, erledigte das kurzerhand der Tierarzt um die Ecke. Abgerechnet wurde übrigens gleich vor Ort in bar. Zehn Dollar pro Stich. Die Narbe am rechten Auge sieht man heute noch.

Hansjörg ist der coolste Mittsiebziger, den ich kenne. Ich glaube, ihn haut nichts mehr um. Auch nicht, als meine Frau ihren Eltern damals vom neuen Mann in ihrem Leben berichtete. Sie zählte auf: »Er ist jünger als ich, er hat lange Haare, er kommt aus dem Osten, er lebt in Hamburg. Er fährt Snowboard … « Mein künftiger Schwiegervater sagte nur: »Ah, so, a Snowboarder is er?« Bei allem anderen scheint er in puncto Männerfragen seinen Töchtern blind zu vertrauen. Aber ein Snowboarder! *Geh, bitte! Muss das sein?* Dazu muss man wissen: Mein Schwiegervater ist leidenschaftlicher Skitourengeher und Abfahrer. Snowboarden findet er bei allen Menschen über 18 Jahren schlicht lächerlich.

Aber selbst das hat er weggesteckt. Und ich darf bis heute mein Board in der Garage in Tirol lagern. Allerdings in gebührendem Abstand zu den »richtigen« Skiern!

Von Hansjörg versuche ich mir immer wieder die Gelassenheit des dreifachen Papas und achtfachen Großvaters abzuschauen. Warum soll ich mich aufregen? Lohnt sich doch eh nicht. Besser dem Gang der Dinge vertrauen und das Leben machen lassen.

Wenn man mit »Grogro« im Sessellift sitzt, wird nicht viel gesprochen. Er redet ohnehin nicht viel. Schon gar nicht am Berg. Da hält man das Gesicht in die Sonne, atmet tief ein und genießt die Natur. Meine Frau, die ja eher gerne und viel spricht, versucht immer wieder hartnäckig, ihrem Vater im Gebirge ein paar Sätze abzuringen. Beim letzten Mal schaute er nur lange auf die neuen Carving-Ski seiner Tochter, wäh-

rend der Sessellift Richtung Gipfel ratterte. Und sagte dann:
»Du darfst nicht gegen den Ski arbeiten. Immer schön laufen
lassen.« Danach schwieg er bis zum Ausstieg.

Für mich (und meine Frau) ist das ein Leitsatz geworden.
Immer wenn es kompliziert wird und sich die Dinge zu verha-
ken drohen, sagen wir uns: Nicht gegen den Ski arbeiten – nicht
gegen das Leben arbeiten. Einfach laufen lassen. Das Leben
findet einen Weg. Und wenn nicht, macht meine Schwieger-
mutter ihren legendären Schnitzelberg nur für mich. Schnitzel
mit Preiselbeeren, bis man nicht mehr kann. Der hat noch jeden Zweifel in ein Lächeln verwandelt.

Und so gingen wir schließlich auch die Babysitter-Suche an.
Gelassen, beherzt – und mit einem Lächeln.

Ohne diese Einstellung hätte ich schon nach den ersten
Vorstellungsrunden das Handtuch geschmissen! Die Suche
war eine Geduldsprobe. Wenn meine Frau jemanden gut fand,
fiel er unter Garantie bei mir durch – und umgekehrt.

Der Prozess war so ähnlich wie die Auswahl der Ehefrau.
Man weiß doch sofort, ob es passt – oder eben nicht. Der erste
Eindruck entscheidet. Für mich jedenfalls. Ich kann niemanden im Laufe der Zeit immer besser finden. Und so ist es auch
beim Babysitter. Was interessieren mich denn die Referen-
zen?! Das kommt alles später. Erst mal will ich etwas sehen
und hören.

Apropos hören: Da war Nicole, irgendwo aus England, tä-
towiert mit bestem Grufti-Styling (schwarze Haare, schwarze
Klamotten, schwarze Lippen – bleiches Gesicht), die nebenbei
in einer Band sang und gleich mal eine Kostprobe gab.

Durchgefallen!

Oder Emily, die Studentin aus Dublin (*zehn Geschwister, die
kennt sich bestimmt aus*), die aussah wie eine rundliche Pippi
Langstrumpf und super nett und freundlich war. Nur kann ich

niemanden ernst nehmen, der beim Vorstellungsgespräch mit zwei unterschiedlichen Socken aufläuft. Einer davon mit Loch. Wer seine Socken nicht im Griff hat, kommt auch nicht mit unseren Kindern klar!

Durchgefallen!

Eher unser Geschmack war das Mädchen im korrekten Karorock mit weißen Kniestrümpfen und geflochtenen Zöpfen. Reizend. Und so sweet mit den Kids. Amerikanerin mit ausreichend Deutschkenntnissen. Bingo. War so gut wie eingestellt. Bis zur finalen Frage:

»Sag mal, wäre es für dich auch okay, wenn wir mal erst deutlich nach Mitternacht daheim sind?«

»Sure, no Problem! Nur nicht Freitag und Samstag. Da mache ich Party! Mein Boyfriend ist DJ im Techno-Club.«

Schade eigentlich.

Doch noch durchgefallen!!!

Ziemlich hinreißend fanden wir Carina aus Tasmanien. Eine Sprachstudentin, in die wir und unsere Kids auf Anhieb verliebt waren. Eine großartige junge Frau, die aber leider nur auf Sommer eingestellt war – und völlig verzweifelte, als plötzlich Schnee vom Himmel fiel. Einfach so. Mitten in der Stadt, die sie kurz darauf auf Nimmerwiedersehen verließ. Schnee war einfach nicht ihr Ding.

Volltreffer waren: Csaba, der flächendeckend tätowierte sanftmütige Mann aus Ungarn, die wunderbare Lika aus Georgien und Bronja, die bildhübsche Sportstudentin, der bei Playdates gerne mal von anwesenden Vätern die Telefonnummer zugesteckt wurde, und die entzückende Steffi.

Babysitter findet man eben am besten – habe ich auch erst im Laufe der Zeit kapiert – über persönliche Kontakte. Uns hat das Internet da nicht viel geholfen. Rumfragen, die Eltern aus der Kita ansprechen, einen klassischen Aushang im Haus machen. Vielleicht kann ja auch die Tochter eines Freundes helfen ... Oder man hat einfach Glück!

So wie wir.

Vor etwa zwei Jahren passierte nämlich etwas unvorhersehbar Wunderbares: Meine Schwester Sophie zog aus Innsbruck nach Berlin. Was für ein grandioser Zufall, dass sie hier einen neuen Job angenommen hat – und was für ein Glück. Die Kinder lieben sie. Vor allem Mathilda ist außer sich vor Begeisterung und hätte am liebsten, dass Tante Sophie gleich bei uns einzieht.

Ist Sophie da, wird bei uns noch mehr gebacken, gebastelt, gespielt und gemalt. Zu Weihnachten entstehen riesige Pfefferkuchen-Häuser und im Sommer Haarkränze mit Spangen und geflochtenen Blumen. Meine Schwester hat eine Engelsgeduld. Wie Oma und Opa eben. Und ganz anders als ich.

Wer schaut sich schon gerne stundenlang alle neuen Pferde, Steine und Bastelarbeiten aus der Kita an? Und das fast jeden Tag. Ich kann nicht mal fünf Minuten im Schneidersitz auf der Erde kauern und einen Pferdestall aus dreihundert Teilen zusammenstecken.

Und bei uns gibt es gefühlt immer etwas aufzubauen. Wie kann das eigentlich sein? Die Kinder bekommen vermutlich einfach zu viel geschenkt. Und ich muss das dann auf der Erde liegend ausbaden. Mir tut immer gleich alles weh. Das liegt vermutlich an fünfunddreißig Jahren Handball. Da schmerzen die Knochen eben manchmal.

Und außerdem bin ich quasi aus dem Stand genervt, wenn ich mit meinen riesigen Händen diese Mini-Teilchen am Prinzessinnenschloss, einer Dschungelstation oder dieser seltsamen Forschungseinrichtung auf dem Mond nicht geordnet bekomme. Verfluchte Fummel-Arbeit. Ich frage mich, wie andere Väter dafür so viel Begeisterung entwickeln können.

Mein Schwager baut mit seinem Sohn gerne mal riesige *Star Wars*-Figuren auf – ohne zu jammern. Die Ruhe hätte ich auch gern.

Wenn Sophie zu uns kommt, ist es jedoch herrlich entspannt. Sie ist einfach der beste Babysitter der Welt. Unsere »Date Nights« sind jedenfalls gesichert!

Und da wären wir wieder beim Punkt. Das Leben sucht sich seinen Weg – und findet ihn. Bloß nicht dagegenarbeiten!

Kapitel 5

Döner-Donnerstag und Kind im Bett!
Was ich alles so verbockt habe

> *Wenn ich meine Bambi-Augen mache, bekomme ich von Papa alles, was ich will.*

Mathilda zu ihrer Freundin Lotte

*D*as Leben als Familien-Manager ist bei aller Begeisterung kein Zuckerschlecken. Kinder bringen zuverlässig alles durcheinander – und behindern das väterliche heimische Vollzeit-Management allein durch ihre Anwesenheit.

Die größte offene Flanke im neu geordneten Familienleben war und ist die Kommunikation zwischen Vater und Mutter. Was nicht klar abgesprochen und geregelt ist, wird bei uns vom geschickten Nachwuchs ausgenutzt. Ben und Mathilda haben überall Fallstricke ausgelegt und wissen genau, wie sie die Abwesenheit der Mutter zu ihrem Vorteil nutzen können.

»Papa, das haben wir doch noch nie so gemacht« oder wechselweise »Das haben wir immer schon so gemacht« sind dabei noch die harmloseren Strategien. Besonders meine gerissene Tochter fordert gerne mal Dinge ein, die sie angeblich schon mit Mama abgesprochen habe – und die in der Sekunde nicht überprüfbar sind, weil die Frau Mutter in einer Redaktionskonferenz über den Seiten des nächsten Tages brütet oder im Flugzeug sitzt. Und wenn die Büchse der Pandora erst einmal geöffnet ist, kriegen Sie die nicht mehr zu.

Meine Frau liebt Post-its, diese kleinen bunten Zettel, die man überall ankleben kann. Darauf notiert sie gerne Hinweise für den Tagesablauf. Als ich für die Familienbelange zuständig wurde, klebten sie plötzlich vermehrt auch an der Kühlschranktür. Auf einem war der Punkt »gesund essen« vermerkt. Sie hat ihn sogar doppelt unterstrichen. Lächerlich! Aber vielleicht hätte ich diese Art der Prioritätensetzung ernster nehmen sollen.

Die Sache erwies sich nämlich als deutlich komplizierter als angenommen. Was vor allem daran liegt, dass Kinder im Allgemeinen und unsere im Besonderen keinen natürlichen Drang zu gesundem, zusatzstofffreiem, glutenarmem (oder was auch immer) Essen haben. Sie handeln streng nach den Grundsätzen: Kenn ich, mag ich. Ist süß, schmeckt. Ist frittiert, super. Kann in irgendeiner Form mit Ketchup kombiniert werden? Daumen hoch! Ist grün? Nix wie weg!

Vor allem Mathilda verweigert einfach alles, was nach Gemüse aussieht oder irgendwie gesund sein könnte. Und glauben Sie mir, ich habe es wirklich versucht! Entkernte und sauber geschälte süße Äpfel, Gurken ohne Schale, Paprika in Tillys derzeitiger Lieblingsfarbe rot, alles schön klein geschnitten und liebevoll arrangiert. Nix! Ausschließlich lange Gesichter. Nur unter Androhung von iPad-Verbot bekomme ich etwas in die Gemüse-Verweigerin hinein.

Irgendwann habe ich beschlossen, die strenge Auslegung der Mission »gesund essen« für gescheitert zu erklären und lieber den modernen Ansatz zu wählen: Hauptsache, sie essen überhaupt etwas. Damit lebt es sich viel leichter. Der potenzielle Speiseplan hat sich seither vervielfacht und besitzt heute den Umfang wie früher ein Otto-Katalog – reichlich gefüllt.

Natürlich vergifte ich meine Kinder nicht vorsätzlich. Aber wenn ich die Wahl habe zwischen einem Tobsuchtsanfall unserer Tochter beim Anblick von Tomatenstückchen in der Bolo-Soße oder Bens angewidertem Gesichtsausdruck bei Dinkel-Talern und liebevoll hergestellten Spinat-Smoothies und einem entspannten Abend mit Pizza, Fertignudeln und Jogurt mit Schokostückchen – da fällt mir die Entscheidung leicht.

Mittlerweile sehe ich auch die Sache mit Pizza und Döner in der Woche lockerer. Beschlusslage: »Döner ist gesund. Blödes Bio-Gedöns.« Allerdings ist im Lauf der Zeit aus der Ausnahme die Regel geworden. Immer donnerstags gehen wir zum Dönerladen in unserer Straße. Ben und Mathilda vergessen nie, den Döner einzufordern.

Aber ich dachte mir nichts dabei. Da ich zu 99 Prozent unsere Kinder hole und bringe, war ich sicher: Ulrike wird uns niemals auf die Spur kommen.

Denkste! Der Plan besaß eine fatale Schwachstelle: den Nachwuchs. Meine Frau hatte an einem Donnerstag im Jahr eins meines neuen Jobs überraschend früher Schluss, und wir konnten die Kids gemeinsam abholen. Auf dem Heimweg sind wir am Döner-Imbiss vorbeigekommen. Der ist gleich rechts neben der Tiefgarageneinfahrt und einfach nicht zu verfehlen. Die Kinder jammerten uns so lange die Ohren voll, bis meine Frau schließlich die Nerven verlor: »Okay, heute ausnahmsweise Döner und Pommes, weil ich so früh daheim bin.«

In der Sekunde wurde mir klar: Jetzt geht alles schief. Das fein säuberlich austarierte Kartenhaus bricht zusammen.

Ich überlegte kurz, einen akuten Wadenkrampf oder Herzschmerzen vorzutäuschen. Aber zu spät: Aus dem Laden schallte schon die fröhliche Stimme der Döner-Verkäuferin: »Hallo, Prinzessin Mathilda, wie immer Chicken und Pommes und für Ben Döner ohne Gurken und Tomaten?«

Meine Frau schaute mich entsetzt an: »Wieso kennen hier alle unsere Kinder?«

Ich stammelte vor mich hin und versuchte erfolglos, mit dem Döners-Spieß zu verschmelzen. *Einmal durchgrillen bitte!*

»Mama, es ist Döner-Donnerstag! Wie immer«, erklärte Ben begeistert: »Manchmal gehen wir auch dienstags. Aber nur an Tagen mit D.«

Und Mathilda sang: »Dö-Do, Dö-Do«, während sie den üblichen blauen Nachtisch-Lutscher von der Döner-Dame in Empfang nahm. Diese kleinen Verräter!

Zum Glück sind wir dann nicht auch noch weiter die Straße zum Bäcker mit den leckeren Weißmehlprodukten hochgelaufen. Da wird Mathilda vom Chef nämlich immer gleich mal mit einer fetten Umarmung und einem Donut mit Zuckerguss und bunten Streuseln begrüßt.

Zu den Vater-Fehlern mit langfristigen Auswirkungen muss ich auch die bei uns zum frühen Abendprogramm gehörende »Vorab-Schale« zählen. Wenn wir nach einem langen Kita- und Schultag nach Hause kommen, wirft sich Madame theatralisch aufs Sofa und verlangt nach einem Wasser mit Sprudel und einer Vorab-Schale – angeblich, weil sie Hunger hat. Stimmt natürlich nicht wirklich – sie genießt nur die Kino-Atmosphäre und schaut *Pettersson und Findus, Conny, Ice Age* & Co. am liebsten, wenn sie dabei genüsslich in eine mit Erdnüssen, Reiswaffeln und Chips gefüllte Schale greifen kann. Ergebnis: Die Obst-und-Gemüse-Hasserin stochert beim Abendessen gelegentlich auch lustlos im Kartoffelbrei herum.

Selber schuld? Natürlich! Ich weiß das! Aber ich bin manchmal ziemlich schwach und kann den Bitten meiner Tochter schwer widerstehen. Und wenn doch, kommt es gerne mal zu einem kindlichen Wutausbruch. Das klingt dann in etwa so, als würde der Nachbar den Rasenmäher anwerfen oder am Airport Tegel bei Gewitter ein Jet starten – fängt harmlos an und steigert sich dann zu unerträglichem Getöse. Und das kann ich ganz schwer ertragen – und gebe dann leider viel zu oft nach.

Ja, ich weiß, ich sollte mir das nicht bieten lassen. Sagt natürlich auch die Kindsmutter mit hochgezogenen Augenbauen – und sogar die liberale Oma. »Das wird später echt schwierig mit ihr.« Ja, danke, Mama! Achtung: Weichei-Vater. Aber was soll ich machen? Wächst sich hoffentlich bald aus. Die Zeit ist mein Verbündeter.

Der leichtgläubige Vater lässt sich aus Sicht des Nachwuchses offenbar auch problemlos manipulieren. Neulich wurde ich zufällig Zeuge einer Tuschelei zwischen Mathilda und ihrer Freundin Lotte. Während ich genervt versuchte, abwechselnd mit Fleckenteufel und Waschmittel die Tomatensoßen-Spritzer auf der weißen Vorzeige-Bluse für den Besuch der Oma in den Griff zu bekommen, konnte ich durch den Türspalt beobachten, wie die beiden Sechsjährigen vor dem Spiegel Grimassen zogen und seltsame Verrenkungen machten: »Du musst die Augen gaaanz groß machen«, dozierte Mathilda: »Meine Bambi-Augen wirken bei Papa immer. Ich kriege alles, was ich will.«

Ich dachte, mich trifft der Schlag. *Aber so nicht, Fräulein! Nicht mit mir. Wo kämen wir denn da hin?* Den Wissensvorsprung um die Manipulationsversuche nutze ich seither als Wettbewerbsvorteil im Kampf um Sonderwünsche. Was mit Rehaugen durchgesetzt werden soll, lehne ich kategorisch ab.

Immer? Nein, nicht immer. Aber immer öfter! Wissen Sie ja jetzt. Ich arbeite an mir …

Neben »gesund essen« steht auch »rechtzeitig einschlafen« auf unserem Ablaufplan für den Tag. Geht meistens zur Hälfte schief. Seit der Große begriffen hat, dass zügiges und selbstständiges Bettfertig-Machen ihm immer noch eine halbe Stunde Extra-Lesen (oder vermutlich mit seinen Kumpels Chatten) einbringt, ist die Sache an dieser Front geregelt.

Mathildas Zubettgeh-Routinen sind hingegen zeitraubend und anstrengend.

Madame schläft noch immer nur in unserem Bett ein. So, nun ist es raus. Wir haben es bisher nicht geschafft, das kleine Monster dauerhaft aus unserem Schlafzimmer zu verbannen. Ja, ich weiß. Ziemlich peinlich. Ich bin auch nicht stolz darauf. Die junge Dame ist wie eine Kuschel-Zecke mit Bambi-Augen.

Sie macht sich von Woche zu Woche breiter, und mit gutem Zureden allein wird man sie nicht los.

Ulrike wollte den kleinen Quälgeist schon längst aus dem elterlichen Domizil verbannen. Die Einschlaf-Prozedur zieht sich bei uns ohnehin gerne mal über eine Stunde hin. »Papa, ich habe noch Durst« oder »Ich muss pullern«. Mit allen Tricks wird versucht, das väterliche »Licht aus und Ruhe jetzt« hinauszuzögern. Kennen Sie vermutlich alles.

Es ist ein Irrsinn. Wer verbringt die beste Zeit des Abends schon gerne in einem stockfinsteren Zimmer und traut sich nicht, sich zu bewegen? Wenn ich nur leicht zucke, klammert sich das Äffchen an meinen Oberarm. Ich muss also still neben dem Bollerofen liegen und dabei immer an die Familie meines Freundes denken, an drei wunderbar wohlerzogene Kinder, die allein ins Bett gehen und vor allem allein einschlafen.

Lieber Gott, gib mir Kraft.

Ich werde bei der Einschlaf-Prozedur meistens selbst richtig müde und knacke gelegentlich so tief mit Mathilda ein, dass ich irgendwann vollkommen zerstört hochschrecke und orientierungslos nach der Tür taste, um dann die verklebten Tageslinsen aus dem Auge zu fummeln. Vor einiger Zeit ist mir das zum ersten Mal nicht gelungen. Nach zwei Tagen quälenden Juckreizes hat mich meine Frau zum Augenarzt geschickt. Der hat erst einmal gar nichts gefunden – jedenfalls nicht, ohne mir eine gelbe Marker-Flüssigkeit ins Auge zu träufeln. Danach habe ich für einige Stunden ausgesehen wie Arnold Schwarzenegger im ersten *Terminator*-Teil – nur eben in Gelb.

Das Schlimmste ist, dass ich nachts nur phasenweise richtig schlafe, weil ich die Giraffenbeine von Mathilda im Gesicht habe. Zwar trage ich sie, wenn sie schläft, immer in ihr eigenes Bett. Aber meistens kommt sie nachts irgendwann wieder angetappelt.

Um dem Gezappel zu entgehen, lege ich mich maximal weit nach außen. In unserem King-Size-Bett komme ich dann nicht mal mehr mit ausgestrecktem Arm an meine Frau heran.

Jüngst bin ich auf der Flucht vor dem Zappel-Wusel-Nerv-Ding sogar aus dem Bett gefallen und heftig aufgeschlagen. Beim dilettantischen Versuch, mich abzustützen, habe ich dann auch noch meine Brille verbogen. Man könnte auch Maximal-Schaden sagen!

Aus der entwürdigenden Situation konnte ich mich nur mühsam wieder befreien. Die Herausforderung: einen schmerztrunkenen Jammer-Ausruf zu vermeiden, um nicht noch die Damen aufzuwecken und die Peinlichkeit öffentlich zu machen – und keinen weiteren Schaden anzurichten.

Nachdem ich Mathilda wieder in ihr eigenes Bett gebracht hatte und neben meiner Frau lag (diesmal sogar mit Körperkontakt!), stellte ich mir zum hundertsten Mal die Frage nach einem weiteren Kind. Also vielmehr die Frage nach der rein technischen Machbarkeit unter den erheblichen Einschränkungen des Familienlebens.

Es ist ja jetzt nicht so, dass wir unbedingt noch ein drittes Kind wollen. Aber manchmal träumen wir eben doch. Jetzt nur mal für einen Moment angenommen, wir würden es nochmal drauf anlegen. Wie soll das funktionieren? Amazon? Ebay? Sex jedenfalls scheidet aus. Dazu ist bekanntermaßen die Nähe zwischen Mann und Frau erforderlich. Entspannte Stimmung, vielleicht etwas Rotwein. Auf jeden Fall die Abwesenheit von Bestands-Kindern. Meine Frau ist allerdings schon nervös, wenn die Kinder drei Zimmer weiter hoffentlich tief schlafen und nicht mal ein Silvesterfeuerwerk die beiden aus den Träumen reißen könnte, geschweige denn ein bisschen Stöhnen ... Na ja! Solange sich Mathilda in unserem Bett breitmacht, sind wir vom dritten Kind sowieso so weit entfernt wie San Marino vom Gewinn der Fußball-Weltmeisterschaft.

Vor einiger Zeit wollte ich also aus purem Eigennutz die Aktion »Kind muss aus unserem Bett verschwinden« ernsthaft in die Tat umsetzen: Mathilda wurde mit strengem Ton zum Rapport gebeten.

»Du musst ab sofort in deinem eigenen Bett schlafen«, sagte ich voller Ernst und gefühlter Überzeugungskraft.

»Wieso, Papa? Alleine einschlafen ist total doof«, antwortete die Kleine leicht rotzig.

»Weil du zappelst, schnarchst und schniefst, und Mama und Papa nicht richtig schlafen können. Einer von uns hat immer deine Beine im Gesicht.«

»Aber ihr liegt doch auch immer zusammen in einem Bett.«

Da waren sie wieder, die Bambi-Augen!

»Was hat das damit zu tun?«, fauchte ich.

»Warum müssen die, die am meisten Angst haben, allein in einem dunklen Raum liegen? Und ihr könnt euch aneinanderkuscheln. Papa? Warum?«

Auf diese Argumentation war ich nicht vorbereitet. Schlüssig war sie auch. Mission »Mathilda muss in ihrem Bett schlafen« ist seither bis auf weiteres verschoben!

Herausforderungen warten aber nicht nur in heimischen Gefilden – sondern auch dort, wo man sie nicht erwartet. Einmal habe ich mich zum Freiwilligendienst bei Bens Sportfest gemeldet – als Verantwortlicher an der ungeliebten Weitsprunggrube. »Kann ja nicht so schwer sein«, dachte ich.

Ben war das Ganze nicht geheuer. Sicherheitshalber stattete er mich mit diversen Handlungsanweisungen aus.

Erstens: Nicht jeden Schüler nach seinem Namen fragen.

Zweitens: Niemanden ermahnen, vernünftig »Guten Tag und auf Wiedersehen« zu sagen. (»Das ist voll peinlich.«)

Drittens: Keine Aktionen nach dem Motto starten: »Ich zeige euch jetzt mal, wie man einen ordentlichen Dreisprung hinlegt.«

Ich ging maximal motiviert mit Bandmaß und Rechen zu Werke, bis ich merkte, dass tatsächlich die ganze Grundschule Sportfest hatte – also die ganze, nicht nur Bens Klassenstufe. Nach zwei Stunden bei dreißig Grad in der prallen Hitze wollte ich schon erschöpft aufgeben. Aber ich konnte mich nicht den fordernden Blicken der genüsslich im Schatten Urkunden und Tabellen ausfüllenden Pädagogen entziehen.

Endlich war dann auch mal Bens Gruppe an meiner Station. Und ich konnte mit meinen zwei Metern Körpergröße und den langen Haaren punkten:

»Ist das dein Vater? Der ist cool ...« Ben genoss sichtlich die Aufmerksamkeit seiner Klassenkameraden, die mir vermutlich zutrauten, aus dem Stand in Reichweite des Weltrekordes zu springen.

Plötzlich fiepte mir eine zierliche Stimme entgegen: »Hallo, ich bin Maja.«

Euphorisiert rief ich: »Ach, du bist das also! Du bist ja wirklich so hübsch!«

Das sprach sich natürlich ein, zwei, drei zu Ben herum, der weit hinten in der Schlange stand – und das gar nicht lustig fand. Einige Tage zuvor hatte er der nervigen elterlichen Fragerei nachgegeben und von den schönsten Mädchen seiner Klassenstufe berichtet – aber nur unter der Maßgabe, niemals, wirklich *niemals* darüber zu sprechen. Zu spät! Ich wollte im Boden versinken.

Beim abendlichen Familienrat kam die Sache dann nochmals zur Sprache.

Meine Frau hielt es irgendwann für eine gute Idee, eine »Was war heute das Tollste und was war das Blödeste, was passiert ist«-Fragerunde vor dem Zubettgehen des Nachwuchses einzuführen.

Normalerweise fällt mir bei den guten Sachen immer nur pädagogisch Wertvolles ein wie Dankbarkeit dafür, dass wir in Frieden und Wohlstand leben können, und bei den schlechten Dingen tiefste Erschütterung über Krieg und Hungersnöte infolge von Erdbeben. (»Gregor, wie langweilig!«)

Diesmal hatten wir ein heftiges irdisches Problem zu lösen. Peinlicher Vater. Ben war nur schwer zu beruhigen.

Erst am nächsten Morgen wurde mir verziehen und die Angelegenheit von Ben geschickt mit der Frage nach neuen Turnschuhen verknüpft. Meine raketenartige Einwilligung verbesserte die Stimmung dramatisch, das Thema kam zu den Akten.

Post-it an mich selbst: Die Mädchen in Bens Nähe sind nicht direkt anzusprechen. Schon gar nicht die, die er mag.

Kapitel 6

Drama, Baby, Drama!
Zicken-Alarm, Mode-Prinzessinnen
und mies freshe Outfits

> *Du ziehst jetzt die Strumpf-hose an, sonst stirbt ein Goldfisch!*

Genervter Vater,
montags 7.45 Uhr

*D*ie Damen im Hause sind ohne Frage entzückend. Nur manchmal sind sie leider auch etwas kratzbürstig und nicht gerade leicht zu handeln.

Ben und ich würden locker und leicht durchs Leben surfen: kein Stress, kein Geschrei, kein Drama. Den Aufwand immer schön gering halten und viel Zeit für Sport, PlayStation-Zocken, Fußball-Gucken und Burger-Essen einbauen. Im Kühl- und Kleiderschrank wäre nur das wirklich Nötigste. Wir wären entspannt, wir wären tolerant, und wir würden uns keinen Druck machen.

Das geht natürlich mit den Mädels nicht. Das wurde mir erst richtig klar, als ich Vollzeitvater wurde. Meine Frau ist schon recht eigensinnig, meine Tochter toppt das aber locker noch. Sie hat einen unfassbaren Dickkopf und schafft es irgendwie immer und immer wieder, die ganze Familie nach ihrer Pfeife tanzen zu lassen. Das schlägt natürlich voll auf mich durch. Ich muss das Drama ja den ganzen Tag ertragen. Wenn meine Frau mal wieder sagt »Ein Glück kann ich jetzt ins Büro fliehen«, können Sie sich vermutlich so grob vorstellen, wie das Wochenende und der Montagmorgen gelaufen sind. Eher ein (Alb-)Traum!

Vom ersten Tag an hat Tilly unseren fein austarierten Terminkalender gehörig durcheinandergewirbelt.

Wir hatten uns den 3.3.2012 als Termin für ihre Geburt ausgesucht. Mathilda würde nur via Kaiserschnitt das Licht der Welt erblicken können. Und wenn das denn schon so sein musste, warum nicht ganz entspannt kurz vor dem Wochen-

ende den Nachwuchs auf die Welt werfen und dann die Großeltern zur Bewunderung des neuen Erdenbürgers einbestel-
len? Ein gut zu merkendes Datum ist es obendrein.

Fabelhafter Plan, fanden die Gattin und ich. Wir waren vorbereitet. Wir waren entspannt. So entspannt, dass meine Frau
als Höchstschwangere dem werdenden Mädchen-Vater kurz
vor der Geburt noch einen ihrer legendären Schweinebraten
kredenzte. So, wie ihn nur Österreicher (Ulrike wurde pas-
senderweise in Salzburg geboren) hinbekommen – mit kna-
ckig-krosser Kruste und trotzdem innen saftig. Dazu Knödel
und braune Soße. Mhhhhh, einfach lecker.

Kulinarisch beglückt und mit der nötigen Bettschwere war
ich längst im Reich der Träume, als diese durch einen über-
raschten Aufschrei ein jähes Ende fanden.

»Oh, oh«, orakelte meine Frau.

Da waren sie wieder, diese Laute.

Und dann: »Schatz, es geht los … ich glaube, meine Fruchtblase ist geplatzt.«

»Wie geplatzt? Jetzt? *Jetzt?*«

»Ja, jetzt. Gerade eben!«

»Was heißt das? Liegt das Kind jetzt auf dem Trockenen?«

»Nein. Ganz ruhig bleiben.«

»Was machen wir denn nun?«, japste ich mit panischer
Stimme.

»Erst mal ruhig bleiben.«

»Nein, ich will nicht ruhig bleiben. Bei so etwas kann man
doch nicht ruhig bleiben.«

Darauf war ich nicht vorbereitet. Wehen, Übelkeit, Sturz-
geburt – hatte ich alles schon mal gehört. Aber Fruchtblase?
Blasensprung? Geplatzt? Hilfe ….

Schneller als eine springende Bettfeder stand ich kerzen-
gerade im Schlafzimmer. Wie ein Eichhörnchen auf Speed

machte ich alle Lichter an und rannte panisch auf und ab, um die sofortige Abfahrt ins Krankenhaus zu organisieren. Die Beruhigungsversuche meiner Frau ignorierte ich selbstverständlich. Schließlich bekommt man ja nicht jeden Tag ein Kind.

In der Klink angelangt, kollabierte ich auf dem Steinboden des Krankenzimmers, während die Schwangere mit »nicht zielführenden Wehen« (toller Begriff, oder? Auf Deutsch: nichts ging voran) kämpfte.

Nach einigen Stunden ohne irgendeinen Fortschritt klopfte die Schwester an die Zimmertür: »Das Fernsehen sucht den Vater eines Schaltjahrbabys. Können Sie ein Interview geben?«

Wer jetzt? Ich?

Ach ja, Schaltjahr. Verdammt. Heute ist ja der 29. Februar. Na, das hat gerade noch gefehlt.

Als Journalist wollte ich natürlich dem Kollegen helfen, der die Story machen musste. Schließlich war ich als Volontär oft genug in ähnlich undankbarer Mission unterwegs gewesen. Also verabredeten wir uns zum Interview – auch wenn das Kind noch gar nicht da war.

Irgendwie hatte ich das Ganze ziemlich unterschätzt. Das wurde mir aber erst klar, als das Dreh-Team wenig später mit Licht, Ton-Angel und zig Kabeln anrückte.

»Oh, da hinten, das muss unser Mann sein. Der sieht super übernächtigt aus. Perfekt«, frohlockte der Kameramann, während ich vor dem Zimmer meiner Frau mit Müdigkeit und heftiger Anspannung vor der Geburt rang.

Nach wenigen Minuten war das Interview erledigt, und der werdende Vater kauerte wieder am Bett seiner ächzenden Frau. Als ich der pränatalen Mutter von der lustigen Begebenheit mit den Kollegen erzählte, vergaß die für einen kurzen Moment sogar die Wehen …

»Sag mal, spinnst du?«, fragte sie wenig charmant.

»Wieso? War doch nur ein Gefallen für den jungen Kollegen vom Fernsehen. Dich sieht man ja nicht.«

»Hast du unsere Eltern informiert?«, insistierte sie.

»Nein, warum?«

»Weil das sicher heute ausgestrahlt wird, und die Eltern erst mit einem Kaiserschnitt in ein paar Tagen rechnen«, presste Ulrike kurz vor dem nächsten Wehen-Schub hervor. »Dann erfahren sie aus dem Fernsehen vom neuen Enkelkind. Herzlichen Glückwunsch, Herr Haake!«

Verdammt! Das hatte ich nicht bedacht!

Am Ende war dann jedoch alles gut: Die Eltern rechtzeitig informiert, Mathilda vorzeitig und bei bester Gesundheit auf der Welt – und wir alle nachhaltig beeindruckt von unserem Schaltjahr-Mädchen.

Und so, wie sie ins Leben kam, so ging und geht es weiter: Mit Tilly kann man planen, was man will, am Ende hat sie ihren eigenen Kopf und bringt alles durcheinander! Jedenfalls ist es ziemlich schwer, sie aufzuhalten.

Das Vollzeitvater-Dasein ist – das muss man einfach sagen – oft anstrengend, manchmal ärgerlich, und bei bestimmten Gelegenheiten raubt es mir einfach nur den letzten Nerv. Das Thema Kleidung und vor allem das morgendliche Anzieh-Ritual mit Dickkopf Mathilda steht dabei neben dem Bett-Gang ganz oben auf der Liste dieser Begebenheiten!

Die ersten dreißig Jahre meines Mode-Lebens verbrachte ich – wie die meisten meiner Artgenossen – ebenso unaufgeregt wie glücklich: In der Regel war ich in sechzig Sekunden angezogen. Jeans, T-Shirt, Sneakers, im Zweifel immer das, was oben auf dem Stapel lag – oder noch nicht so doll müffelte.

Einmal im Jahr shoppen (kurz, schmerzlos, effektiv) und ansonsten darauf setzen, dass es zu Weihnachten und zum

Geburtstag das eine oder andere neue Teil gab. Kurz: den Aufwand so gering wie möglich halten.

Was ich besaß, hatte an einer Kleiderstange und auf einem Regalbrett Platz. Drei Hosen, fünf Hemden, sechs T-Shirts, zwei Pullis, eine Jacke und drei Paar Schuhe, eins für schön, eins für jeden Tag und eins für den Sport. Reicht. Ich war zufrieden mit mir und meinen Klamotten.

Das alles änderte sich schlagartig, als ich meine Frau kennenlernte. Sie war damals Chefredakteurin einer Frauenzeitschrift, besuchte mehrmals im Jahr diese seltsamen Modeschauen in Mailand und Paris – und plötzlich hießen Klamotten bei uns »Fashion«. Sie wurden nach Farbverlauf geordnet und zu »Outfits« zusammengestellt. Selbstredend mit passender Tasche, Schmuck und Schuhen – Verzeihung, ich meine natürlich passenden »Accessoires«! Ich lernte, dass »greige« keine Krankheit sondern eine angesagte Farbe ist (grau mit einem Hauch beige, meist von Chanel), Charlotte Olympia kein Pornostar (sehr schade), sondern eine hippe Schuhmarke ist, und dass eine Prada-Clutch (kleine, aber teure Unterarmtasche) jedes Outfit adeln kann. Ich wusste das ja alles nicht.

Ich gebe zu, es übte eine gewisse Faszination auf mich aus, wie Ulrike meinen Junggesellen-Kleiderschrank umgehend als modisches Niemandsland identifizierte und mich tornadoartig durchstylte. Nicht eines meiner geliebten Ringel-T-Shirts, keine meiner wunderbar eingetragenen Hosen, nicht mal das Boss-Sakko (gut, das hatte seit dem Abi-Ball seine besten Zeiten auch schon hinter sich) haben ihre energische Zuwendung überstanden.

Neulich hat meine Frau endgültig das letzte Teil meines alten Lebens einfach ohne mich zu fragen im Altkleider-Container versenkt – ein gestreiftes Hemd, in dem ich mich für meinen zweiten Job beworben habe. Damals total chic. Aber heute? Okay, ich hatte es schon lange nicht mehr an. Ich bewahrte es aus sentimentalen Gründen auf. Ist das etwa verboten?

»Ulrike, was fällt dir ein, einfach mein Lieblingshemd zu entsorgen?«

»Das war nicht dein Lieblingshemd! Und das habe ich mit den anderen Klamotten aus Hamburg auch gemacht.«

»Wieso machst du das, ohne mich zu fragen?« Ich schnaubte vor Wut.

»Weil du gar nichts wegschmeißen würdest. Du würdest noch die Hemden von 1986 aufbewahren und die Jacke, mit der du eingeschult wurdest! Typisch Mann.«

Eine genauere Inspektion meines Kleiderschrankes ließ mich zusammenzucken. Die in dem Moment gar nicht so zauberhafte Gattin hatte sich nicht damit zufriedengegeben, mir einen »neuen Style« angedeihen zu lassen – sie hatte nach und nach mein altes Leben in puncto Mode einfach ausgelöscht. Einfach entsorgt. Frechheit!

Geblieben sind mein »Werder Bremen«-Fan-Schal (habe ich mir zum Double 2004 gegönnt. Ailton – 28 Tore in der Liga!!! Danke Ailton. Ailton, oh, oh, oh) und meine Lederjacke. Na ja, was soll's. Irgendwie hatte ich mich ja auch weiterentwickelt.

Und soooo schlecht war der »neue Style« nun auch wieder nicht.

Meine Haare wurden länger, meine Brille cooler, und mit dem Inhalt meines Kleiderschranks könnte ich heute unser gesamtes Wohnviertel bestücken. Leider weiß ich seitdem nicht mehr, welches Hemd zu welcher meiner zahlreichen Hosen passt. Und warum das eine Polo-Shirt »seeeensationell« ist und das andere »einen Hauch aufträgt«, wird für immer ein Geheimnis bleiben. Und zwar *ihr* Geheimnis. Mir ist es nämlich wurscht! Hauptsache, die Klamotten liegen oben auf dem Stapel.

Mein Gefühl dafür, was wenigstens halbwegs zusammenpasst, hat sich in den letzten Jahren massiv zurückgebildet und ist allenfalls noch rudimentär vorhanden. Das liegt daran, dass ich jedes Nachdenken eingestellt habe. Das Gespür für Klamotten ist wie ein Muskel. Wenn es nicht trainiert wird, bildet es sich zurück.

Meine vorherigen Freundinnen haben zwar auch gerne mal den halben Kleiderschrank durchprobiert, bis sie etwas gefunden hatten, was sowohl zum aktuellen Hüftumfang, zum Terminkalender als auch zur Tageslaune passte. Aber Ulrike? Himmel! Die kriegt in derselben Zeit locker drei Mal so viele Outfits durch. Bei zunehmend schlechterer Laune, wie ich anmerken möchte. Und fatalerweise wird man als Ehemann zumeist um seine Meinung gefragt. Da kann man nur verlieren.

Es sei denn, man beachtet folgende Regeln:

Outfit eins und zwei:
Man kann getrost sagen, welches einem besser gefällt. Gerne mit Details: »Schatz, beides spektakulär. Wirklich. Aber das schwarze/gelbe/geblümte betont deine tolle Taille/schönen Augen/sexy Beine.«

Outfit drei und vier:
»Boah, da weiß ich wirklich nicht, welches ich am besten finden soll. Du siehst in allem toll aus, Kleines.«

Ab Outfit fünf:
»Baby, ich hab jetzt noch ein wichtiges Telefonat. Du schaffst das. Du siehst klasse aus.«

Ganz fies ist übrigens die ultimative Fangfrage: »Herz, macht mich das dick?« Nein, nein und nochmals nein! Es macht schlank. Es macht schön. Es macht jung. *Es macht alles, was du dir vorstellen kannst* ... Hatte ich schlank erwähnt? Etwas anderes sollten Sie nur mit akuten suizidalen Tendenzen oder fester Scheidungsabsicht sagen. Wenn Sie Ihre Frau noch eine Weile behalten wollen, müssen Sie bei so elementaren Fragen lügen. Lügen Sie, was das Zeug hält! Niemals die Wahrheit sagen. Das geht schief.

Ben hat sehr schnell einen brillanten Weg gefunden, mit der Fashion-Verrücktheit seiner Mutter umzugehen: Er lässt sich bis heute jeden Morgen ein Outfit von ihr zusammenstellen. Das ist bequem, zeitsparend und gelegentlich springt noch eine Zusage für ein neues Paar Jordans oder einen Supreme-Hoodie (aka Kapuzenpulli) dabei raus. Neulich brachte mir der Erstgeborene einen swagen (aka coolen) Snipes-Hoodie und eine mies freshe (aka ultra coole) Hose von einem seiner Beutezüge mit der instrumentalisierten Mutter durch die angesagten Berliner Läden mit.

Was ich für ein wenig *zuuuu* hip hielt, brachte mir einen Überraschungserfolg in der Handball-Kabine ein. Die jungen Mannschaftskollegen – gerne mal mit Geburtsjahr 1998 (könnten meine Söhne sein) – nehmen mich ja eher als Handball-Grufti wahr. Nicht so an diesem legendären Tag!

»Yo, Gregor, coole Klamotten. Hätten wir dir gar nicht zugetraut«, bewunderten die Jungs meinen neuen von Ben zusammengestellten Aufzug. Die Lobpreisung ging sogar so weit, dass ich nach dem Spiel mit in ihren Lieblingsclub (aka Disco) gehen durfte. Wenn das nichts ist!

Mathilda wiederum hat die Mode-Macke ihrer Mutter geerbt. Und da wären wir wieder bei einer dieser Herausforderungen für den Vollzeitvater. Das seltsame Gehabe kann einfach nur genetisch bedingt sein. Kein Mann würde sich so verhalten. Ich schon mal gar nicht. Mich überfordert das maßlos.

Anfänglich habe ich gedacht, dass das nur eine Phase ist. Das musste irgendwie mit dem Alter zu tun haben. Vergeht sicher bald wieder.

Ich glaube, so etwas denkt man immer, wenn man mittendrin steckt: Irgendwann ist alles vorbei. Im Gegensatz zu Erwachsenen stimmt das bei Kindern in der Regel auch. Aber die Mode-Phase unserer Prinzessin dauert schon drei Jahre an: schöne Röcke, tolle Sandalen, süße Oberteile. Kann man da noch von einer Phase sprechen? Muss ich mich damit abfinden? Ja, vermutlich abfinden.

Es ist auf jeden Fall ein nervenzerfetzender Albtraum, an einem ohnehin stressigen Kita-Morgen ihr Sparringspartner beim Anziehen zu sein. Lässt sich oft, aber leider nicht immer vermeiden.

Als Erstes erklärt sie mir regelmäßig, was meine Frau alles besser macht und warum sie von ihr viel hübscher angezogen wird.

»Mama bringt mir immer drei Kleider zur Auswahl!«
Echt jetzt? Ulrike hat so einen Knall!
»Mama sagt aber, zur Tigerleggings passen nur das rosa Shirt und die Weste!«
Weste? Sie hat eine Weste? Wie sieht die aus? Und wo liegt sie? Ich dreh hier noch mal durch.

Mein Werben für den einfachen Weg (»Schau mal: Wie Papa und Bruder. Jeans und T-Shirt. Fertig!«) verhallt bei meiner Tochter ebenso wie derbe Drohungen (»Du ziehst jetzt die Strumpfhose an, sonst stirbt ein Goldfisch!«). In letzter Zeit konnte ich mit Bestechungen (»Wenn du das schnell anziehst, kannst du vor der Kita noch eine Folge *My Little Pony* schauen ...«) einige schöne Teilerfolge erzielen. Bis Mathilda mich bei meiner Frau verpetzt hat.

Ich bin jedenfalls froh, wenn ich überhaupt Klamotten finde, die erstens halbwegs zusammenpassen und zweitens Gnade vor den Augen meiner ebenso bockigen wie uneinsichtigen Tochter finden. Dazu die Frage, ob offenes Haar oder Pferdeschwanz, Turnschuhe oder Ballerinas, den Blouson oder vielleicht doch die Strickjacke – oder: »Papa, ist es warm genug für mit ohne Jacke?« Es macht mich irre!

Hier meine drei »Lieblingssätze«:

»Aua, es ziept, wenn du meine Haare kämmst.«

»Ich will keine Sonnencreme. Das ist eklig.«

»Meine Sandalen kneifen.«

Warum ist das mit Jungs alles so viel einfacher? Weil es Jungs sind? Weil es Jungs sind. Ganz einfach.

Bei Mädchen dagegen wird pausenlos geplappert, diskutiert, gehopst und gezappelt! Mathilda anzuziehen ist etwa so, als würde man versuchen, einen achtarmigen sprechenden Kraken in ein grobmaschiges Einkaufsnetz zu zwängen. Der Stress-Level dürfte ähnlich sein. Dass meine Frau dabei nicht regelmäßig ausrastet, kann echt nur an den Genen liegen.

Das ist der Beweis. Die Mädels ticken halt beide manchmal nicht so ganz richtig. Gott sei Dank muss ich das nicht jeden Morgen durchstehen. Das wäre wirklich nicht auszuhalten.

Kapitel 7

**Die alte und die neue Welt.
iPad, PlayStation und
Tage ohne WLAN**

Bücher lesen hat man gemacht, bevor der Spaß erfunden wurde!

Mathilda

*W*ow, ist das schön! Ich liege entspannt am Strand. Irgendwo im Süden. 30 Grad, leichter Wind. Ich bin träge, faul und so herrlich abwesend, wie man es nur sein kann, wenn man den ganzen Tag in der Sonne gelegen und gar nichts gemacht hat.

Eine kurvige Brünette massiert meinen Rücken, reicht Drinks und flüstert mir ins Ohr: »Ich will jetzt ... EINEN TOAST UND MEINE SCHOKOMILCH!!!!!!!«

Vor mir steht mitnichten die kurvige Brünette – sondern ein höchst empörtes Mädchen, das mit quietschender Stimme nach etwas Essbarem verlangt.

Bei mir dreht sich alles. *Wer bin ich? Wo bin ich? Was soll das alles hier? Und warum waren wir gestern noch in dieser Bar?* Ich muss mich erst einmal schütteln. *Ach so! Wir sind ja eine Familie. Wir haben Kinder. Aber warum denn ausgerechnet am Sonntagmorgen kurz nach sieben Uhr? Und warum muss ich jetzt unbedingt aufstehen?*

Ich taste verschlafen nach meiner Frau: »Du bist dran. Ich hab gestern.«

»Och, Mensch, ich hatte eine so harte Woche«, kommt es unter der Decke neben mir hervor, kurz darauf gefolgt von einem sanften Schnorcheln.

Also gut. Ich schalte auf »Papa-muss-funktionieren«-Modus und schleppe mich in die Küche. Mathilda lässt morgens nichts zu, was schnell geht: kein Müsli, kein Snack aus dem Vorratsschrank, kein Butterbrot – nur warme Schokomilch (zwanzig Sekunden in der Mikrowelle – sonst wieder Geschrei) und zwei Scheiben Toast mit ungarischer Salami.

Und wenn die nicht da ist, habe ich ein Problem. Die kleine Zicke schmeckt den Unterschied zwischen den Salami-Sorten sofort heraus. Also bin ich immer bestens vorbereitet. Alles ist verzichtbar – nur eben nicht, na Sie wissen schon. Ich bringe Tilly also ihren Morgenteller, die wohltemperierte Schoko-milch und das iPad.

»Da ist eine neue Staffel *Bibi und Tina* drauf«, verspreche ich, drücke auf »Alle Folgen abspielen« und kollabiere wieder neben der Gattin im Bett.

Ja, ich kenne die Studien zu dem Thema. Nein, unsere Kin-der schauen nicht weniger als empfohlen, nicht mal genau so viel – eher mehr. Und ja, ich halte Steve Jobs für den Schutz-patron aller Eltern, die gelegentlich vergessen, dass sich aus-gehen und ausschlafen mit kleinen Kindern ausschließen. Er gab uns iPad und iTunes. Und damit zwei Extra-Stunden Schlaf am Wochenende sowie entspannte Autofahrten in den Urlaub – alles Dank der elektronischen Nanny mit dem Touch-screen.

Im Schlafzimmer ist es jetzt wieder angenehm ruhig. Ich dämmere langsam weg und suche meinen Traumstrand. Ich will, dass die Brünette da weitermacht, wo sie aufgehört hat. Mein Rücken kann das gebrauchen. Aber ich finde sie nicht. Oh Mann. Seufz! Was soll's.

Ich stehe auf, mache mir einen Kaffee und kuschle mich zu meiner Tochter.

Ich würde sagen, dass unser Haushalt durch und durch digital ist. Als Fulltime-Dad kann ich ab und an elektronische Hilfe gut gebrauchen. Man kann ja nicht immer funktionieren, immer das perfekte Brettspiel aus dem Regal zaubern oder immer eine Antwort auf die Frage haben: »Papa, was soll ich malen?«

Wir haben alles, was das Leben leichter macht: die sprechende Alexa, eine Boom-Box, Apple TV, Amazon Prime, Sky, Snapchat. Ich kann sogar die Kerntemperatur der Steaks auf dem Grill über eine spezielle App auslesen. Medium? Oder lieber medium rare? Wie hätten Sie es denn gerne? Es ist absolut irre!

Unser Großer ist als »digital native« natürlich der Meister aller Klassen. Das Leben außerhalb der Schule (und ich vermute auch ein Teil des Lebens währenddessen) findet ausschließlich bei den diversen Messenger-Diensten statt. Dort werden vergessene Arbeitsblätter für den Englisch-Unterricht getauscht und Lösungsansätze für Mathe erarbeitet, es wird gedated, gedisst und rumgealbert. Und selbstverständlich hat nur das wirklich stattgefunden, was bei Snapchat oder Instagram hochgeladen wird. Das Smartphone ist *überlebensnotwendig*. Deshalb kommt auf die Frage »Ben, hast du eigentlich dein iPhone dabei?« auch nur ein verständnisloses »Häh? Ich frage dich doch auch nicht, ob du deine Nieren dabeihast«.

Gegenschnitt: Ich bin in einem Dorf am Ende der Welt im tiefsten Brandenburg groß geworden. Es war sogar nur eine Splittersiedlung: Zehn Häuser und dreißig Einwohner. Da, wo sich Fuchs und Hase »Gute Nacht« sagen, wo es erst Anfang der Neunziger ein richtiges Festnetz-Telefon gab und die zehn Häuser bis heute in einem ziemlichen Funkloch liegen – je nach Netzanbieter.

Wie haben wir das eigentlich früher gemacht? Ich musste ein Mädchen noch direkt in der Schule oder der Milchbar ansprechen. Das geht heute ganz anders – mit Emojis. Davon gibt es gefühlte fünftausend Varianten. Selbst einige meiner Freunde verwenden welche. Und die sind auch schon locker über fünfzig. Ist echt praktisch: Man kann mit einem Blümchen oder Herzchen oder fragendem Smiley vorfühlen, ob die momentane Favoritin ähnlich empfindet. Das spart Zeit und Peinlichkeiten. Außerdem lassen sich so offensichtlich mehrere Damen gleichzeitig koordinieren.

Auf Bens Smartphone gehen jedenfalls im Sekundentakt Nachrichten, Likes, Snaps, Lols oder Emojis ein. Sind natürlich alles nur gute Freundinnen ... Logo. Klar! Abends muss er das Handy bei uns abgeben. Meine erste Tat: Ton aus. Sonst brummt das Ding unter Garantie, wenn Arjen Robben frei auf das Tor zuläuft – und ich mich maximal konzentrieren muss. Ich denke nämlich, wenn ich schon nicht aufpasse, tut es Robben auch nicht. Das muss man als Fan einfach leisten. Und wir brauchen das Tooooooor.

Vor meiner Zeit als Vollzeit-Daddy habe ich mir über die Digitalisierung des Kinderzimmers kaum Gedanken gemacht. Da waren unsere Kinder ja auch noch kleiner – genauso wie das Thema Smartphone und WLAN. Es war einfach nicht so präsent. Heute interessiert mich das schon deutlich mehr. Wie viel Zeit dürfen die Kinder vor elektronischen Geräten verbringen? Und was dürfen sie da machen? Spielen? Serien schauen? Und in welchem Verhältnis?

Ich sage: Es bringt nichts, gegen Tablets, Apps, PS4 und Social Media anzukämpfen und Kinder künstlich davon fernzuhalten. Zumindest nicht, solange sie sich auch im realen Leben mit Freunden verabreden, zum Sport gehen oder in irgendeinem Verein sind. Wir versuchen, das Thema Internet und Computer gemeinsam zu gestalten. Manchmal setze ich mich einfach zu Ben ins Zimmer und schaue ihm beim Spielen zu. Bereitwillig erklärt er mir, warum er gerade durch diesen Tunnel laufen oder dort in Deckung gehen muss – oder warum er noch unbedingt Edinson Cavani für sein Soccer-Team braucht. Manchmal zocken wir auch eine Runde gemeinsam (ich kann leider nur Fifa18 richtig gut – bei allen anderen Spielen laufe ich so mit), dann weiß ich wenigstens weitestgehend, was er so treibt – und meine Frau schaut am Wochenende mit Mathilda die angesagten Lieblingsserien.

Ich glaube, dass bekommen wir ganz gut hin. Aber es ist natürlich ein tägliches Ringen. Oberstes Gebot dabei lautet: Gelassenheit!

Vor allem dann, wenn mal wieder der Gaming-Kopfhörer streikt (Ben: »Wir haben ein Problem. Mein Headset ist kaputt.«) oder »das WLAN down ist« (auch Ben). Die Tragweite dieser Probleme war mir natürlich nicht bewusst. Habe ja auch im Funkloch gelebt. Aber für Ben und Mathilda ist der WLAN-Ausfall zur digitalen Kinder-Spielzeit eine Katastrophe. Spätestens nach dreißig Sekunden kommt Ben panisch aus seinem Zimmer geschossen, weil seine PlayStation-Online-Party ein schlagartiges Ende gefunden hat.

Man muss sich den Entzug der lebenswichtigen Internet-Verbindung bei einem »Gamer« (aka Mitglied der Gaming-Community) folgendermaßen vorstellen: Erst »laggen« die Figuren (heißt so viel wie: stoppen immer wieder und bewegen sich nur noch ruckartig weiter), dann »freezed« der Bildschirm (alles steht still), und anschließend fliegen er und seine Kumpels aus dem Online-Spiel, weil Ben als »Party-Host« (Gastgeber oder Administrator der Runde) abgemeldet ist. Aus die Party! Aus die Maus! Stimmung auf dem Tiefpunkt. Zehn Sekunden später laufen bei uns dann die Telefone heiß, weil die Gaming-Community außer Rand und Band ist und wissen will, wann es endlich weitergeht.

Davon angesteckt, merkt natürlich auch Mathilda, dass Netflix nicht mehr richtig läuft und sie nur noch runtergeladene Filme auf dem iPad sehen kann. Das Chaos ist perfekt. Beide Kids bauen sich fordernd und mit in die Hüften gestützten Armen vor mir auf – und verlangen, den unhaltbaren WLAN-losen Zustand schnellstmöglich zu beheben.

Der väterliche Sachverstand ist also gefragt – ha, wenigstens hier. Wenigstens an der Stelle. Den Rooter verwalte nämlich ich. Er steht in meinem Arbeitszimmer. Niemand darf ihn anfassen. Ich betone. *Niemand.*

Der WWW-Super-Gau hat dann plötzlich sogar pädagogische Vorteile: »Liegt bestimmt daran, dass dein Zimmer nicht aufgeräumt ist!« Das zieht zumindest noch bei Mathilda. Bei Ben muss ich deutlicher werden: »WLAN gibt es nur gegen erledigte Hausaufgaben. Das ist der Deal.« Sie glauben gar nicht, wie schnell alle herumliegenden Sachen verstaut und die Mathe-Aufgabe fertig sein können.

Einmal hatten wir ein paar Tage gar kein WLAN. Alles kaputt. Irgendetwas war mit dem Verteilerkasten unten vor dem Haus. Keine Ahnung, was genau. Jedenfalls musste die Telekom jemanden schicken. Und das ging nicht so schnell. Wir mussten ohne Internet klarkommen.

Können Sie sich das vorstellen? Nein? Unsere Kinder mussten tatsächlich *fernsehen*. Oh mein Gott! Das ist das, was man früher spätestens ab zwanzig Uhr immer gemacht hat. Mit der ganzen Familie.

Dazu braucht man diesen seltsamen großen Kasten, der vorne im Wohnzimmer steht. Irgendwie lustig: Während Mathilda versuchte, *Ice Age* wie auf dem iPad direkt am Bildschirm mit der Hand vor und zurück zu scrollen, beschwerte sich Ben am Telefon bei seiner Großmutter: »Oma, ich bin hier voll das Opfer! Stell dir vor, ich muss fernsehen!!!! Da muss man das gucken, was kommt.« Kein Video-on-Demand, kein Staffelpass, keine Online-Spiele – dafür Werbung und feste TV-Zeiten. Ich vermute, die Oma hat die Brisanz der Situation nicht verstanden – aber sie gab sich redlich Mühe.

Für mich bedeuten (digitale) Medien aller Art schnellen und unkomplizierten Zugang zu aktuellen Ereignissen. Ich bin eben gerne informiert.

Vor gefühlten hundert Jahren habe ich Wirtschaftspolitik studiert und ein paar Kurse Publizistik belegt. Mir liegt viel an der Kommunikation, am Austausch mit Gleichgesinnten oder wenigstens höflich vorgetäuschtem Interesse. An der Diskussion über Tagespolitik: Stabilität des Systems, Börsenkurse, föderalstaatliche Strukturen oder die Entwicklung des Parteiensystems. Was gibt es auch Interessanteres?

Ich liebe Information – und ich liebe die *Tagesschau*. Es ist mir auch egal, ob das noch zeitgemäß oder schon altmodisch ist. Sie ist ein Stück gute alte heile Welt, quasi die Schwarzwaldklinik der Nachrichtensendungen. Oder *Inforadio, Bild.de, Spiegel, Focus, FAZ.net*. Bei uns gibt es sogar noch bedrucktes Papier: Tageszeitung, Nachrichtenmagazine, Illustrierte und Wochenendzeitungen!

Wir diskutieren viel zu Hause, ich versuche, Ben die wichtigsten Ereignisse nahezubringen. Der wiederum holt sich seine Tages-Infos bei YouTube. Kennen Sie LeFloid? Das ist der Typ, der den Nachrichtenkanal *LeNews* bei YouTube hat und schon mal Bundeskanzlerin Angela Merkel interviewen durfte. LeFloid trägt ein lässig in den Nacken geschobenes Basecap und hat über drei Millionen Follower. Er ist quasi eine Art Ulrich Wickert der Generation Y. Ben liebt ihn.

Allerdings: Wenn ich zu einem qualifizierten Vortrag über die missratene Regierungsbildung nach der Bundestagswahl 2017 ansetze und dazu einen großartigen *Spiegel*-Artikel zur Vertiefung empfehle, schiebt sich Ben demonstrativ die Kopfhörer über die Ohren und dreht die Musik mal eben richtig laut auf.

Tilly sagt dann Sätze wie: »Bücher lesen hat man gemacht,

bevor der Spaß erfunden wurde, gell, Papa?« Und meine Frau findet: »Och Menno, das diskutieren wir den ganzen Tag bei der Arbeit. Ich will jetzt auch mal über etwas anderes reden.« Meine alte Ordnung und die neue Welt kriege ich halt nicht immer zusammen. Genau genommen sogar eher selten. Aber dann schaue ich eben die neuen Folgen von *House of Cards* – vorausgesetzt die Kids haben mir genug Datenvolumen übrig gelassen ...

Kapitel 8

Streiten, schmollen, Sex haben.
Zwischen uns ist nichts mehr,
wie es vorher war

> Schaust du eigentlich auch mal in die Waschanleitung? Das war meine Prada-Bluse!

Die verzweifelte Gattin

*F*rüher – also zur Zeit der noch nicht getauschten Rollen – gehörten Ulrike und ich zu den glücklichen Paaren, die sich nie stritten. Wir waren verliebt, wir waren tiefenentspannt, und irgendwie hat es sich einfach nie so richtig ergeben. Lief ja auch alles in geordneten Bahnen.

Dann zogen wir nach Berlin. Erst färbte die Hektik der Großstadt auf uns ab, dann der Stress des Jobs, dann der Rollentausch. Mittlerweile sind wir Weltmeister im Streiten, Schimpfen und Schmollen!

Wenn wir uns heute zanken, dann so richtig. Das legendäre Zoff-Paar Liz Taylor und Richard Burton ist ein Kindergartenprogramm gegen uns. Zwar prügeln wir uns nicht, und wir reichen auch nicht nach jeder Verbal-Schlacht die Scheidung ein, um wenige Monate später wieder vor dem Traualtar zu stehen. Aber auch bei uns knallt es ordentlich. Wir streiten laut und heftig – und gerne mal mit Tränen und Türknallen (meine Frau!) und Bemerkungen, die man sich auch hätte sparen können (meistens ich). Wenn der Sturm vorüber ist, machen wir eine Flasche Wein auf und haben meistens den besten Sex überhaupt. Oder überhaupt Sex.

Statistisch gesehen streiten Paare übrigens oft über Geld und vermeintlich unnötige Anschaffungen. Machen wir nicht. (Wobei ich mich schon manchmal ernsthaft frage, warum die geschätzte Gattin Handtaschen im Gegenwert meines Weber Genesis XXL Grills mit vier Brennern und einer Platte für Fisch braucht ... aber egal).

Nein, nicht bei uns! Wir erreichen die maximale Eskalationsstufe auf der nach oben offenen Streit-Skala bereits bei Kleinkram: leere Kühlschränke, volle Mülleimer, Kinder, die nicht im Bett sind, Termine, die verbummelt wurden. Sind natürlich alles Stellvertreterkriege. In Wahrheit streiten wir, weil wir uns in unseren Rollen immer wieder neu zurechtfinden müssen. Weil Ulrike zu Hause nicht loslassen kann – und ich nicht beherzt genug zugreife. Weil unsere Egos kämpfen. Und weil wir beide Anerkennung vom anderen wollen – und zwar ganz einfach für das, was wir täglich tun. Sie als Ernährerin, ich als Manager der Familie.

Die Schwierigkeiten springen uns quasi aus dem Hinterhalt an: Gerade war der Himmel noch heiter, meine Frau will sich einen Joghurt aus dem Kühlschrank greifen – und plötzlich gewittert es los!

Die werte Gattin blickt mit strengem Blick in die Kühlfächer und doziert sodann über meine vermeintlich nicht vorhandene Bestückungslogik. Gefolgt von einem Vortrag darüber, wie man (also ich!) Obst und Fleisch effektiver einsortieren könne, dass der Käse nicht nach hinten rutschen dürfe, weil man ihn dort dann vergesse und erst wiederentdecke, wenn die Schimmelhaube fünf Zentimeter hoch sei. Ihre blöden Bananen dürften außerdem nicht direkt neben den Äpfeln liegen, weil sie dann schnell dunkel würden und sowieso nicht ins Kühlfach gehörten.

Wenn sie dabei nicht dieses enge T-Shirt tragen würde, ich schwöre, ich würde ausrasten. Dabei habe ich ein nobelpreisreifes System entwickelt, ein System, das eben nur ich verstehe. Reicht ja auch. Ich muss damit ja im Tagesgeschäft klarkommen. Also Ohren auf Durchzug, Blick auf die Oberweite. Geht doch!

Bei meiner Frau ist Anerkennung von außen systemimmanent. Sie geht in die Redaktion. Sie tut das, was jeder als Arbeit definieren würde. Sie hat ein schönes Büro und einen riesigen Schreibtisch. Sie schuftet. Sie leitet Konferenzen. Und abends hat sie ein fertiges Produkt in den Händen. Etwas, das man anfassen kann. Etwas, das man lesen kann. Etwas, worauf man stolz sein kann. Das ist Arbeit.

Die Produkte meiner Arbeit hingegen sitzen gerne mal mies gelaunt am Abendbrot-Tisch. Weil Ben den entscheidenden Korb beim Basketball nicht gemacht hat. Weil der doofe Max unsere Mathilda nicht zum Geburtstag eingeladen hat. Sie ist eben ein Mädchen. Und weil sie beide gerade am Tisch sitzen und auch das Gemüse essen müssen.

Meine Arbeit sind Lehrer, die in Elternversammlungen von schwierigen Phasen einiger Gruppenmitglieder sprechen und mich dabei anschauen. *Schon gut, ich weiß, dass meine Tochter gerade sehr eigensinnig ist!* Meine Arbeit ist die enervierende Suche nach verbummelten Schals und Mützen sowie einzelnen Sportschuhen. *Wie zum Teufel kriegt man das bloß hin???* Meine Arbeit sind kurzfristig im Bürger-Onlineportal ergatterte Termine (in Berlin echte Glückssache!) und pünktlich schlafende Kinder. Früher habe ich die Welt gerettet – heute rette ich zu spät begonnene Hausaufgaben.

Mein Job lässt sich leider nicht in Zahlen ausdrücken. Es gibt dafür keine Währung. Glück? Kinderlachen? Saubere Wäsche? Lässt sich alles nicht in eine Excel-Tabelle eintragen. Vielleicht sollte man mal eine Art Bitcoin für den Vollzeitvater (natürlich auch für die Mutter) einführen. Gute Idee? Okay, ich überleg mir da mal was. Vermutlich werde ich auch erst in zwanzig Jahren wissen, ob ich den Job vernünftig gemacht habe – nämlich dann, wenn die Kinder groß und wir stolz auf sie sind.

Vor Antritt der Papa-Vollzeitstelle habe ich mir mein Selbstbewusstsein und meine emotionale Kraft ganz easy aus dem

Job geholt. Aber heute? Keine Beförderung, keine Gehalts-erhöhung, nicht mal mehr ein halbherziges Lob vom Chef. Obwohl ich weiß, dass das, was ich tue, in den Augen meiner Frau extrem wichtig ist, bestimmt sich das »etwas schaffen« in erster Linie über klassische Erwerbsarbeit im Büro oder auf der Baustelle – jedenfalls habe ich das lange gedacht.

Wie also definiert sich Erfolg als Familien-Manager? Woher weiß ich, dass ich erfolgreich als Vollzeitvater bin? Manchmal fällt es mir schwer, mir selbst Anerkennung zu zollen, wenn Ulrike von Meetings, Workshops und spannenden Storys erzählt – und ich von unpünktlichen Fliesenlegern, falschen Betriebskosten-Abrechnungen und überaus anstrengenden Elternversammlungen. Das klingt in meinen Ohren einfach nach weniger.

Klar hört mir meine Frau aufmerksam zu. Aber erwartet sie von einem Mann nicht mehr? Muss er nicht der Jäger sein, der das Mammut erlegt und den Batzen Fleisch in die Höhle wirft? Ich stecke also in einem Dilemma. Packe ich als Vollzeitvater alles gut an? Und mache ich dennoch als Mann alles richtig, wenn ich nicht der Jäger mit dem Fleischbatzen sein kann? Passt das überhaupt alles zusammen? Genüge ich allem?

Oder ist das alles nur meine verquere Selbstwahrnehmung? Gar nicht so einfach, auseinanderzuhalten, was ich denke und was ich denke, das meine Frau von mir denkt. Schon schwin-delig? Fragen Sie mich mal!

Mein Anerkennungs-Defizit baut sich manchmal über Wo-chen auf – ganz langsam, aber sehr stetig. Irgendwann, gerne auch mal aus heiterem Himmel, koche ich über. Dann reicht die übliche (und harmlose) abendliche »Und Schatz, was hast du heute so gemacht?«-Frage meiner Gattin aus, um mich ex-plodieren zu lassen.

Wie, was hast du heute so gemacht?!? Denkt die denn, ich chille hier den ganzen Tag rum?!?! Meine Schläfen fangen sofort an zu pulsieren. Denkt sie natürlich nicht. Hat sie mit der Frage auch nicht gemeint. Trotzdem vermute ich in solchen Momenten, dass meine Frau doch nicht verstanden hat, was ich hier tue.

Für mich fühlt sich diese Frage an manchen Tagen wie eine Kritik an, weil ich am Monatsende keinen Gehaltsscheck vorweisen kann. Es ist für mich so, als hätte sie meine frühere Arbeit kritisiert. Das würde ich umgekehrt nicht tun. Sofort sehe ich mich im Rechtfertigungszwang: Die Steuererklärung war heute nicht mehr drin, weil ich noch beim Direktor zu Bens Förderunterricht vorsprechen musste. Die Sachen sind noch in der Reinigung, weil Mathilda mir die neuesten Schrittfolgen aus dem Ballettunterricht erst noch unbedingt gleich auf der Straße vortanzen musste, was nebenbei bemerkt eine ziemliche Katastrophe war.

Meine Frau und ich werden wohl doch bis zum Rentenalter irgendwie Geld verdienen müssen. Fußballerkarriere des Sohnes – wird nix! Oder wie der Trainer auf meine Frage, ob er denn besondere Talente sofort erkenne, sagte: »Ja, sicher – aber Sie müssen sich darüber keine Gedanken machen.« Und seit ihrer Straßen-Performance weiß ich auch: Primaballerina Mathilda Haake – ganz sicher nicht! Auch eine Zweitkarriere als Tennisvater mit einer abgefahrenen Sonnenbrille wie einst Nick Bollettieri kann ich mir abschminken.

Aber ich schweife ab. Zurück zur »Was hast du heute gemacht«-Frage. Ich ergänze innerlich ein »eigentlich so« und höre »Was hast du heute *eigentlich so* gemacht?« – und schon ist die Frage nicht mehr harmlos. Ich würde sie ihr umgekehrt niemals stellen! *Niemals!* Das würde mir überhaupt nicht in den Sinn kommen! Was fällt ihr überhaupt ein???!!! Für mich ist das die unerwartete Bombe in Gestalt einer vermeintlich banalen Frage. Ein Anschlag auf meine Männlichkeit!

Meine Frau sagt, ich müsse an meiner Selbstwahrnehmung arbeiten. Sie habe das nicht *so* gemeint. Natürlich nicht (aber wie denn dann?) – sie liebt mich ja. Aber vielleicht hätte ich heute doch mehr schaffen können? Vielleicht sogar schaffen müssen? Was ja noch schlimmer wäre. Alles nicht so einfach, wenn es um das Selbstverständnis in einer Rolle geht, die für Männer noch keine Selbstverständlichkeit ist.

So ein konsequenter Rollentausch wie bei uns bringt Vor- und Nachteile für beide Partner mit sich. Ulrike gibt im Job Vollgas – und klagt jetzt darüber, dass sie ihre Kinder seltener sieht. Beides geht eben offenbar nicht. Jeder zahlt seinen Preis. Ich habe meine Karriere auf Eis gelegt – und meine Frau muss die Schmerzen aushalten, die Männer sonst mit sich herumtragen: Bin ich oft genug daheim? Bin ich genug für die Kinder da? Wir haben lange gebraucht, den anderen in seiner Rolle zu akzeptieren – und dann auch eigenverantwortlich machen zu lassen. Und manchmal geht es immer noch schief.

Gerne auch bei Alltags-Banalitäten wie der Wäsche! Unsere Waschmaschine ist vom Hersteller schon maximal vaterfreundlich konzipiert worden. Da kann man nichts falsch machen. Warum muss ich mir also noch immer erklären lassen, wie dieses einfachste aller Haushaltsgeräte zu bedienen ist? Dunkle Wäsche und Jeans, Programm drei bei 40 Grad, reichlich Waschmittel und Powerschleudern. Weiße Wäsche verträgt heißeres Wasser. Dann gibt es noch ein Programm für Wolle und eines für Feinwäsche. Rest geht in die Reinigung. Fertig! Verstehen sogar Männer. Der Trockner? Noch einfacher: Klappe auf, Wäsche rein. Los geht's!

Aber nein! Bei Ulrike funktioniert das nicht so einfach. Wäre ja auch noch schöner. Da gibt es nämlich feuchte, leicht warme und trockene Wäsche. Leicht warme Wäsche kann man, ohne sie bügeln zu müssen, einfach direkt aus dem

Trockner nehmen und zusammenlegen. Gut, kann sein, dass ich das schon mal vergessen habe. Okay, ich vergesse es regelmäßig – oder ich ignoriere das nervige Gepiepe des Trockners so lange, bis die Wäsche dann doch wieder knochentrocken und knittrig ist. Knochentrockene Wäsche ist ganz schlimm! Die Falten kriegt man quasi nicht mehr rausgebügelt – was ich nicht wusste, denn das Bügeleisen gehört zu den wenigen Haushaltsgeräten, die ich nicht anrühre!

Neulich hat die emsige Gattin in einem Anflug von Nestputz-Übereifer vor dem nahenden Besuch der Schwiegereltern die ganze Wohnung auf den Kopf gestellt. Begonnen hat sie unglücklicherweise mit besagtem Trockner, der noch die Restbestände meiner Waschaktion des Vortrages beinhaltete.

Ich studierte währenddessen genüsslich das neue *Griller*-Magazin und beschäftigte mich mit der Frage, ob ich vielleicht von Gas wieder auf Kohle umsteigen sollte und ob ich schon reif für die Königsdisziplin wäre – texanische Rippchen. Aber was für eine Frage! Natürlich ...

Plötzlich durchbrach ein Schrei meine großartigen Tagträume von saftigem Steak, goldbraunen Pommes und hausgemachter Kräuterbutter. Die wuselige Aufräum-Gattin hatte im Trockner ihre Lieblingsbluse entdeckt. Leider nicht mehr in der ursprünglichen Größe ...

»Sag mal, schaust du auch mal in die Waschanleitung?«

»Welche Waschanleitung?«

»Das war meine Lieblingsbluse. Von Prada. Die passt jetzt Mathilda!«

»Aber ich ...«

»Die sollte sowieso in die Reinigung, und wenn du sie schon in die Maschine wirfst, dann stell sie halt auf Feinwäsche – und nie, nie, nie, nie, NIE darf so ein edles Teil in den Trockner, das könntest du dir ...«

Zu diesem Zeitpunkt hatte ich längst mein Streit-Pokergesicht aufgesetzt: angemessen betroffen, aber interessiert gucken, die Ohren auf Durchzug, die Gedanken wieder bei den texanischen Rippchen.

Das sind die Momente, die kein Mann auf dieser Welt versteht. Es ist doch nur eine Bluse. Eine Bluse!!! Himmel noch mal. Ja, ärgerlich, vermutlich eine teure Bluse – aber es ist ja nicht so, als hätte *ich* neulich das Auto beim Ausparken in der Tiefgarage gegen die Wand gefahren. Nein, das bekommt nur die geliebte Gattin hin!

Und während ich beim Anblick des massiv zerschrammten Kotflügels Schnappatmung kriegte, fand sie »den kleinen Kratzer« wirklich nicht so schlimm. Worüber ich mich bloß so aufregen würde! Hallo? Geschrumpfte Bluse gegen zerschrammten Kotflügel! Wer ist da bitte im Recht? Ulrike etwa? Das können ja wohl echt nur Frauen so sehen.

Kapitel 9

Rumtoben und Fifa-Zocken.
Wie ich erziehe – und was ich anders
mache als meine Frau

> Papa, ist das
> alles, was du
> draufhast? Du
> kämpfst ja wie
> ein Mädchen.
>
> Mathilda

*A*ls Vollzeitvater erlebe ich jeden Tag Dinge, ohne die das Elterndasein nicht halb so aufregend und toll wäre. Verrücktes, Lustiges, manchmal auch Trauriges – aber vor allem viel echtes Leben. Und das kommt von vorne. Ich war dabei, als Mathilda ihren ersten Zahn verloren und Ben ein Mädchen mit nach Hause gebracht hat. Ich war derjenige, der eine wütende und heulende Tochter überreden musste, die Toilettentür wieder aufzuschließen, und der Bens erste (kommt zum Glück selten vor) schlechte Gymnasial-Note unterschrieben hat. Hat mir auch keiner vorher erklärt, wie es ist, so etwas moderieren und durchstehen zu müssen.

Alle schönen und natürlich auch alle beschwerlichen Entwicklungen auf dem Weg zum Großwerden sind zuerst bei mir aufgeschlagen. Na klar. Es gibt keinen Puffer und auch keinen doppelten Boden. Was ich nicht löse, löst keiner – jedenfalls nicht vor dem Abend oder dem Wochenende. Zum Daheim-Job gehört eben auch der große Brocken Erziehung. Das Wort klang für mich immer schon bedrohlich. Erziehung ist die größte Herausforderung für Eltern. Die hat es ziemlich in sich.

Grundsätzlich sind meine Frau und ich uns total einig, was aus den Kindern werden soll. Aber die Methoden, der Weg dorthin, da unterscheiden wir uns. Und weil ich nun mal zu Hause bin, ist mein Erziehungsansatz plötzlich der prägende. Ich bin pragmatischer und nachsichtiger – was ganz sicher auch nicht immer gut ist. Schon klar.

Ulrike ist strenger. Aber sie hat auch mehr Bedenken, sieht

überall Gefahren, wenn Tilly, Ben und ich einfach drauflostoben. Mir ist es im Zweifel auch wurscht, wie die Küche aussieht – Hauptsache wir haben Spaß beim Kochen und erfinden immer neue Pizza-Varianten.

Seit Mathilda da ist, bin ich dünnhäutiger und emotionaler geworden. Das bedeutet auch, dass ich anfälliger für Manipulationsversuche der jungen Dame bin – die Gattin eher für die von Ben. Ist das so ein Vater-Tochter- und Mutter-Sohn-Ding? Vermutlich.

Ich versuche, ohne Stress klarzukommen. Ich warte beispielsweise gerne darauf, dass sich Dinge von allein erledigen. Anders als die Gattin, die gern alles sofort anpackt. Gutes Beispiel: Schnuller. Der sollte unbedingt vor dem dritten Geburtstag von Mathilda verschwinden. Total richtig. Nicht gut für die Zähne und so weiter. Aber Tilly wollte ihn einfach nicht hergeben. Sie hat geheult, sie war wütend, sie war traurig. Ich dachte mir: Egal, dann dauert es eben noch ein paar Wochen. Wird schon werden. So bin ich. Ulrike sah das ganz anders und hat Mathilda einfach entwöhnt, als ich drei Tage nicht da war. Ohne das mit mir abzusprechen. Zack, erledigt!

Als ich dann Vollzeitvater wurde, hat bei der Erziehung erst Mal eine Menge nicht geklappt – jedenfalls nicht so, wie ich mir das vorgestellt hatte. Autorität? Von Natur aus nicht zwingend vorhanden. Warum nimmt Mathilda den Ellenbogen nicht vom Tisch? Hab ich schon tausend Mal gesagt. Warum räumt Ben sein Zimmer nie auf? Auch schon tausend Mal angemahnt. Warum, verdammt, hören beide nie richtig zu, wenn ich die Regeln für die Abendgestaltung festlege. Warum? Warum? Warum?

Hilfe, ich mache als Vater alles falsch, ging mir durch den Kopf: Es kann doch nicht sein, dass mir die Kinder auf der Nase herumtanzen. Vor allem das kleine Kind. Mathilda hält sich mittlerweile auch schon für so alt und klug, dass sie alles kommentieren, hinterfragen und im Zweifel ausdiskutieren und anders sehen muss. Herrgott, mit sechs Jahren! Bitte.

Neulich haben wir uns mal wieder heftig gefetzt, weil ich zur Bettruhe gerufen habe.

»So, Mathilda. Es ist schon spät. Zimmer aufräumen, und dann ab zum Zähneputzen«

»Papa, gleich.«

»Nicht gleich, sofort.«

»Ich will aber nicht.«

»Doch, sofort! Ich möchte es nicht noch mal sagen müssen«

»Ach, Papa!«

»Ja, Fräulein! Jetzt ist Schluss!«

»Papa, du bestimmst nicht über mein Leben!«

»Doch, genau das tue ich.«

»Ich bin aber schon sechs! Also warum?«

»Weil ich hier der Chef bin. Ganz einfach.«

»Das ist aber unfair!«

Meine Güte, wie soll das nur in der Schule werden – und erst in der Pubertät. Ich bin hier der Chef – genau so.

Aber so richtig böse sein kann ich ihr dann auch wieder nicht. Achtung! Bambi-Augen. Sie ist eben mein Mädchen ...

Irgendwo habe ich gelesen, dass es drei Typen von Vätern gibt: strenge, weiche und gestresste. Bei mir ist die Sache eindeutig: Kategorie flauscheweich und dauergestresst.

Natürlich muss Ben bei mir auch den Müll runterbringen und Mathilda ihr Zimmer aufräumen. Ich rolle aber nicht gleich mit den Augen, wenn der Prinzessin mal ein: »Mama, das war ein geiler Film« rausrutscht. Oder: »Ich will irgendwann auch mal so saucool sein wie die Tante da.«

Was meine Frau auch nie tun und zulassen würde: Im Elternbett herumspringen, sich in den Schwitzkasten nehmen lassen, ringen oder sich wie Sushi in die Bettdecke einrollen – alles Sachen, die die Kids nur bei mir dürfen. Beim Toben tragen Vater und Tochter regelmäßig blaue Flecken, Kratzer und verdrehte Finger davon.

Mit Ben dagegen habe ich große Piratenschlachten nachgestellt. Wir haben als Darth Vader und Luke Skywalker mit Laserschwertern gekämpft. Und wir haben uns so lange mit Schnee beworfen, bis die Ohren geglüht haben. Das machen wir heute noch.

Aber rumtoben im Bett, kitzeln, kneifen und dabei begeistert rufen: »Papa, ist das alles, was du draufhast? Du kämpfst ja wie ein Mädchen« – das will nur Mathilda. In ihrer Welt können Mädchen alles, was Jungs auch können. Und genau das versuche ich ihr zu vermitteln. Sie soll stark, selbstbewusst und gleichberechtigt durchs Leben gehen.

Neulich schauten wir einen Märchenfilm. Darin der Prinz zu Schneewittchen: »Ich kämpfe nicht gegen Euch – Ihr seid ein Mädchen.«

Mathilda: »Das sagt er nur, weil er weiß, dass er verliert, Papa!«

Ha! So nämlich! Das ist mein Mädchen!

Ich mache mir oft auch nicht die Mühe, Bens Satz-Kaskaden zu entschlüsseln. Wenn er aufgeregt nach Hause kommt und vom Tag berichtet (kommt ganz gelegentlich doch auch mal vor, sogar freiwillig), mischt er drei Sprachen durcheinander: deutsch, englisch und die Gamer-Sprache. Das alles leicht vernuschelt und extrem schnell vorgetragen. Da komme ich echt nicht mit.

Während Mama den Sohnemann dazu zwingt, langsamer zu sprechen, schließe ich gelegentlich einfach nur aus dem Kontext. Reicht auch aus. Mehr Informationen brauche ich nicht. Das Leben muss irgendwie funktionieren. Da ist Reduktion von Komplexität manchmal gar nicht so schlecht. Ich habe genug zu tun mit den Herausforderungen des Tagesgeschäftes. Das hält schon genügend Überraschungen bereit.

Meine Erziehung ist deswegen eher auf Funktionalität ausgelegt. Ich kaufe ja auch nur Schuhe mit Klettverschluss und keine fummeligen Sandalen. Und so erziehe ich auch. Es muss funktionieren. Ich sehe mich für Ben eher als so etwas wie einen Kumpel mit Lebenserfahrung, der den Nachwuchs gelegentlich in die richtige Richtung schubsen muss.

Experten sagen, Kinder brauchen Regeln und Grenzen, damit sie später draußen in der Welt auch allein klarkommen. Glaube ich zwar auch. Aber leider haben mir die Experten arglistig verschwiegen, wie schwierig es ist, diese Grenzen zu ziehen. Darin war ich noch nie gut – und werde es vermutlich bei aller Anstrengung auch nie sein. Kann meine Frau deutlich besser.

Ich entwickle mich weiter – wie die Aufgabe auch. Der Weg ist das Ziel. Immer in Bewegung. Gerade noch habe ich gelernt, wie man eine Wickeltasche richtig bestückt, nämlich so, dass man im Notfall schnell überall rankommt und die neue Windel nicht ganz unten liegt, und zack, stehe ich vor einem Ranzen und frage mich, wie wir es schaffen, dass die Hefter keine Eselsohren bekommen und verschmähte Pausenbrote nicht drei Tage vor sich hin gammeln. Plötzlich muss ich auch überprüfen, ob das Licht tatsächlich um 22 Uhr ausgemacht wurde und mir jede Position auf der iTunes-Rechnung ansehen. Jeder Lebensabschnitt der Kids birgt neue Herausforderungen – und die haben auch mich verändert, was eine großartige Erfahrung ist.

Nach drei Jahren im Vollzeitvater-Modus komme ich mit meiner Methode mittlerweile ganz gut klar. Das Leben der

Kinder nicht zu sehr reglementieren – sondern einen Rahmen vorgeben, in dem sie sich relativ frei bewegen können. Klar und eindeutig sein, wo es erforderlich ist, und an anderen Stellen locker und gelassen bleiben. Manchmal bleibt das natürlich ziemliche Theorie und geht oft auch noch deutlich schief – aber so ist das eben. Nur weil die Kindererziehung mein Terrain ist und ich viel Zeit darauf verwenden kann, heißt es nicht, dass ich keine Fehler mache. Aber ich lerne jeden Tag dazu.

Eine entscheidende Erkenntnis: Man kann nicht alles Schlechte von den Kids fernhalten. Der Vollzeitvater macht seinen Job nur dann gut, wenn die Kinder irgendwann auf eigenen Beinen stehen – und nicht, wenn er als Arbeitsnachweis die totale Behütung vorweisen kann. Wir vermitteln einen Rahmen und Werte – und kein unfehlbares Handbuch für das Meistern des Lebens.

Kapitel 10

Daddy Cool.
Ich bin der König im Sandkasten

Das Beste, was dir als Vollzeitvater passieren kann, sind die Mütter auf dem Spielplatz.

Florian, seit 17 Jahren Stay-at-Home-Dad

*E*in Nachmittag auf dem Spielplatz ist ein Vorgeschmack auf die Hölle. Das sagt einem vorher natürlich auch keiner. Und dann ist es zu spät – und man sitzt von bunten Förmchen umgeben mit einer kleinen gelben Plastikschaufel in der Hand im immer leicht klammen Sand und buddelt.

An der Ostsee mag das ja noch Spaß machen. Aber im Sandkasten mitten in Berlin? Vergessen Sie es.

Da gehe ich lieber mit meiner Frau ins schwedische Einrichtungshaus – was vor den Kindern die Wochenend-Höchststrafe war – und streite mich von der ersten bis zur letzten Minute über Kissenfarben, das Innenleben von PAX-Schränken oder die Frage, ob wir echt noch 100 GLIMMA-Teelichter brauchen (brauchen wir nicht, aber egal! Dieses Fass mache ich jetzt nicht auch noch auf). Selbst bei einer der von der werten Gattin geliebten Aufführungen irgendwelcher experimenteller Autoren oder einer Oper sitze ich lieber (natürlich mit der geballten Faust in der Tasche) als auf der Holzumrandung der Sandkiste!

Kein Mann (und ich vermute, auch die wenigsten Frauen) baut gerne bei windstillen 30 Grad im Schatten eine Sandburg, bewundert den Nachwuchs beim Auf-dem-Bauch-Rutschen oder assistiert unter Rückenschmerzen beim Hangeln, Balancieren und Schaukeln.

Neulich musste ich meine Tochter von einer Art Schwebebalken in beinahe drei Metern Höhe befreien. Sie hatte sich mit ihren etwas zu lang geratenen Giraffenbeinen in den seitlichen Fangseilen verknotet und wollte aus Angst vor dem Absturz

den nach einigen Minuten ziemlich schwingenden Schwebebalken nicht mehr loslassen. Eine bedrohliche Situation.

Wer baut bitte so etwas? Und warum so hoch? Hinter ihr
stauten sich bereits zehn ungeduldige Kinder, die nicht an ihr
vorbeikamen. Ich musste der zitternden Mathilda also gut zureden, sie leicht am Bein ziehen und sie gleichzeitig auffan-
gen. Das war mein gut überlegter Rettungsplan. Dachte ich
zumindest. Aber keine Chance. Kind und Gerüst waren bereits
dramatisch ineinander verkeilt. Die anwesenden Mütter mus-
terten mich vom Sandkastenrand aus mit einer Mischung aus
Argwohn und Mitleid: »Wann kriegt der Anfänger-Vater das
denn nun endlich mal hin?« Das sagten die Blicke. Letztlich
haben Mathilda und ich die Lage jedoch unter Kontrolle bekommen – und gemeinsam wieder festen (sandigen!) Boden
erreicht! Künftig, haben meine Tochter und ich nach dem
Abenteuer in luftiger Höhe beschlossen, wird nur noch ge-
rutscht! »Das kriegen wir locker hin, Papa!« – So isses! Ha!

Der Lieblingsspielplatz meiner Tochter liegt direkt in der
Sichtachse des Kita-Ausgangs. Ich habe wirklich alles versucht, sie beim Abholen unauffällig daran vorbeizulotsen: Süßigkeiten, Augen zuhalten, die Aussicht auf iPad-Schauen bis
der Arzt kommt. Keine Chance. Alles zwecklos. Sobald sie das
nachmittägliche Geschrei der Klettergerüst-Abteilung hört,
scheitern alle Bestechungsversuche: »Papa, los komm, ich will
noch eine Runde spielen! Bitte, bitte. Wir waren so lange nicht
mehr hier.«

Von wegen, wir sind natürlich oft dort. Also eigentlich fast
immer, wenn es nicht gerade regnet oder schneit.

In meinen ersten Wochen im neuen Job als Familien Mana
ger habe ich noch mit maximaler Kraft versucht, mich gegen
den Spielplatz-Wahnsinn zu stemmen. Aber ich bin auch nur
ein Lamm, das von seiner gerissenen Tochter zur Schlacht-

bank geführt wird. Also habe ich mich dann doch auf die regelmäßige After-Kita-Spielplatz-Session eingelassen. Entnervt und höchst unwillig.

Aber dann geschah ein Wunder. Ein Wunder namens Mütter. Ein Wunder namens nette Mütter. Herrlich entspannte Wesen, die den einzigen wirklich regelmäßig auf dem Spielplatz erscheinenden Vater (also mich!) aufnahmen und behüteten wie einen der ihren – und nicht kritisch beäugten wie bei den Elternversammlungen oder im Vorzimmer des Kinderarztes.

Das Leben als Vollzeitvater ist oft anstrengend, lässt einen zweifeln, verzweifeln, und manchmal gerät man auch an die Grenzen des Wahnsinns. Aber es gibt auch Sonnenseiten, Momente des Glücks und der vollkommenen Entspannung. Und die spielen sich nun erstaunlicherweise dort ab, wo ich sie am wenigsten erwartet habe – dort, wohin ich jahrelang niemals freiwillig gegangen bin: auf dem Spielplatz!

Dank der Kita-Mütter ist der Ausflug in den Sandkasten kein quälender Akt (aushalten, durchhalten, Mund halten) der Kinderbetreuung wie früher – sondern macht tatsächlich Spaß! Denn: Ich bin der König im Sandkasten! Einfach, weil ich ein Mann bin. Wer hätte das gedacht?

Es ist ein Traum, auf den ich mich nur richtig einlassen musste. Als ich über den steinigen Pfad der Erkenntnis zum Ziel gelangte, wurde ich ein anderer Vater – zumindest neben Schaukel und Sandkasten.

Heute betreten Papa und Tochter den einstigen Ort des Grauens gleichermaßen freudestrahlend. Während Mathilda sofort auf die freie Schaukel springt, scanne ich das Platzangebot zwischen meinen Lieblingsmüttern … Marina, Diana, Andrea … Ah, alle da. Der Nachmittag ist gerettet. Es kann nichts mehr schiefgehen.

Jetzt gibt es nämlich nicht nur für die Kids, sondern auch für mich Käsewürfel (natürlich ohne Laktose!) und Trauben, (natürlich kernlos!), feinsäuberlich aufgeschnitten und in Tupperdosen greif- und mundgerecht aufbereitet. Dazu Apfelschorle (natürlich bio!). Und wenn sich die Kinder streiten, bin ich heute nicht mehr der Erste, der aufstehen und schlichten muss. Es ist herrlich. Nirgendwo sonst kann ich so ungehemmt von der besonders beschwerlichen Arbeit als Familien-Manager berichten – und kann mir sicher sein, sowohl mit Mitgefühl als auch mit Überlebenstipps versorgt zu werden.

Im Büro würde sich niemand auch nur fünf Minuten für das interessieren, was meinen neuen Job heute ausmacht. Wer hört sich schon gerne stundenlang Geschichten über die Sorgen und Nöte mit zwei Kindern und einer Frau an, die viel arbeitet. Weiß, wo man im Viertel das beste Bio-Fleisch bekommt – oder kann den Schock über den plötzlichen knallroten Ausschlag am Rücken von Mathilda nachvollziehen. Hat mich früher auch nur eine Sekunde vom Rechner hochblicken lassen. Und heute beschäftigt das eben meine Frau deutlich weniger als früher. Geht auch gar nicht anders. Jeder macht seinen Job.

In meinem alten Leben hätte ich mir auch nie die Frage gestellt, ob das, was ich tue, genauso viel wert ist wie das, was mein Partner macht. Heute tue ich das. Es ist eine elementare Frage, weil sie ganz wesentlich um das Selbstverständnis der Gleichgewichte in einer Beziehung kreist.

»Meine« Mütter verstehen und umsorgen mich – sie haben all das schon erlebt und sehen in meinen Fragen und Selbstreflexionen keine Schwäche. Im Gegenteil. Für sie ist es genauso hilfreich wie für mich, darüber zu sprechen, ob wir genug Anerkennung bekommen, genug für das Alter vorsorgen, genug Zeit für die Pflege der Beziehung bleibt – und ob wir schnell wieder im alten Job arbeiten können – und wollen. Und sie finden es großartig, dass sich ein Vollzeitvater diese Fragen auch stellt.

Ja, ich würde sagen, wir profitieren voneinander. Bei meinen Müttern bekomme ich Verständnis, das manchmal einfach richtig guttut. Es ist wie eine Art Seelenmassage. Andere haben einen teuren Therapeuten – ich habe meine Mütter. Und sie mich.

Die Bänke auf dem Spielplatz sind auch die perfekte Info-Börse! Eltern-Infos und die beinahe täglichen Mails zu irgendwelchen Ausflügen kann ich mir sparen. Auf meinem Spielplatz gibt es alles: korrekt ausgefüllte Vordrucke für die Schulanmeldung, Packlisten für den Ranzen, die Schließzeiten vor Feiertagen. Hier wird alles gedealt, was heiß ist!

Der Spielplatz gegenüber ist *der* Schwarzmarkt für Kita- und Schulinfos aller Art. Eine der großartigsten Mütter ist Marina. Sie ist die Mutter von Bens Freunden Max und Leo – und von Mathildas Freundin Masha. Ich habe keine Ahnung, wie sie das macht. Aber sie hat neben ihren eigenen auch noch meine Termine im Kopf. Sie weiß, wann Mathilda zum Ballett muss und wann Ben Schulschluss hat. Ich glaube, sie hat drei Terrabyte extra vom lieben Gott geschenkt bekommen – nur für Termine.

Die Spielplatz-Mütter sind immer bestens im Bilde. Ich muss mich um nichts kümmern. Und vermutlich kriegen daheim ihre Männer zu hören, dass sie auch mal wieder etwas mehr mit ihrem Nachwuchs machen könnten – so wie der nette Gregor, der immer mit seiner Tochter auf den Spielplatz geht.

Aber leider gibt es ja nicht nur den einen Spielplatz – und manchmal muss man auch außerhalb der Kita-Tage im Sandkasten sitzen. Gerne auch mal an einem Samstag im Sommer.

Da geht dann die Fragerei schon fünf Minuten nach dem morgendlichen Augenaufschlag los. Der übereifrige Neu-Vater würde umgehend mit Spielzeug bewaffnet losstarten. Ich nicht!

Ich bin mittlerweile vierzig Jahre alt. Gott sei Dank fühle ich mich zumeist jünger – und »an einem guten Tag im Urlaub« sähe ich sogar bedeutend jünger aus, sagt zumindest die verehrte Gattin. Ändert aber nichts daran, dass ich mittlerweile eine gewisse Gelassenheit des Alters empfinde, mich nicht hetzen lasse und auf dem Spielplatz nicht mehr herumhüpfen muss wie die überengagierten Jung-Väter im Prenzlauer Berg. Ich will nicht schwitzen, ich will keinen Sand in den Schuhen haben – und vor allem sind mir andere Kinder in der Regel herzlich egal. Sie sind Spielkameraden für meine Tochter – und nicht für mich. Ich habe keine Lust, auch noch den fremden Nachwuchs beim Schaukeln anzustoßen oder mit ihm Sandkuchen zu backen, nur weil meine Tochter binnen fünf Minuten drei neue Freundinnen gefunden hat.

Bei uns im Prenzlauer Berg habe ich zum Glück einen Spielplatz entdeckt, der sich auch samstags ertragen lässt. Da ist nämlich Markt, und direkt am Spielplatz hat sich ein findiger Weinhändler niedergelassen. Geniale Standort-Idee! Denn die meisten Spielplatzbesucher haben schon vor 13 Uhr ein Gläschen Riesling in der Hand, die Fortgeschrittenen gleich eine ganze Flasche. Man will sich ja schließlich nicht immerzu anstellen müssen. Die nüchterne Wahrheit: Leicht angeglimmert, lässt sich eben auch das Spielplatz-Tohuwabohu leichter ertragen. Selten sind Eltern gelassener, wenn ihr kleiner Torben-Hendrik mit Sand beworfen wird oder er der süßen Chantale die Schaufel auf den Kopf haut. Also nix wie hin zum Weinstand. Baby, was hättest du denn gerne?

Meine Frau sichert sich währenddessen überteuerte Gladiolen (Tulpen, Astern, was weiß ich), aus Angst, dass sie später keine mehr in der richtigen Farbe bekommen könnte. Was natürlich vollkommener Quatsch ist. Ich habe es noch nie erlebt, dass der Blumenhändler ausgerechnet keine burgunderfarbenen Gladiolen mehr hatte.

Zum Glück habe ich dann schon den Weißwein geholt. Dazu Pommes mit Trüffel-Mayonnaise und Zwiebeln. Herrlich! Habe ich schon gesagt, dass ich Spielplätze einfach großartig finde?

Nur blöd, dass unser »Wein-Spielplatz« in Gefahr ist. Eine Touristenschwemme droht – und vermutlich ist meine Frau nicht unschuldig daran! Sie lädt gerne mal Fotos unserer samstäglichen – und natürlich maximal verantwortungslosen (wissen wir!) – Spielplatzbesuche bei Facebook oder Instagram hoch, und mittlerweile hat dann auch der letzte Social-Media-Freund begriffen, dass es neben einem Klettergerüst am Samstag auch für Kinderlose mehr als amüsant sein kann ...

Selbst unsere Freunde aus München und die Schwiegereltern aus Österreich wollen nun bei jedem Besuch auf jeden Fall auch auf dem »Riesling-Rasen« mit den Kindern kicken – und sind immer vollkommen fassungslos, dass wir nicht gelogen haben. Es gibt ihn wirklich, den Ort der Samstagnachmittags-Entspannung. Sie sind herzlich eingeladen! Oder schauen Sie doch mal bei mir und meinen Müttern vorbei. Da bekommen Sie zumindest Trauben, reichlich Infos und viel Verständnis.

Viel Verständnis an harten Tagen bekomme ich auch von meinem Freund Florian. Er lebt in Los Angeles und ist wie ich Vollzeitvater (in Amerika heißt das »Stay-at-Home-Dad«). Er hat eine siebzehnjährige Tochter. Flo kommt ursprünglich aus Bayern, sieht aus wie ein Pirat oder, besser noch, wie ein Berliner Hipster: Glatze, goldene Creolen im Ohr, Biker-Outfit, immer gut gelaunt, das tollste Lachen der USA. Und er ist mit der Erfahrung von mehr als siebzehn Jahren Erziehungsarbeit ausgestattet.

Mit ihm tausche ich mich gelegentlich aus. Er ist das lebende Lehrbuch für Vollzeitväter. Man schlägt unter Z wie Zickenalarm auf und bekommt alle im Alltag verifizierten Infos, die man braucht, um einen Bockanfall der Tochter zu überstehen – keine Wissenschaft, kein erhobener Zeigefinger, nur pures Leben. Es gibt (fast) nichts, was er nicht schon erlebt hätte. Er kann einen Kindergeburtstag genauso gut organisieren wie die erste Federmappe, er kennt sich mit Kinderkrankheiten aus und bleibt in schwierigen Phasen mit seinem Mädchen einfach cool.

Flo fährt eine fette Harley und geht mit über 50 noch dreimal in der Woche ins Gym, um ein paar Eisen zu stemmen. Außerdem hat er einen süßen Hund und ein paar coole Tattoos auf den Oberarmen.

Zusatz-Info: Flo ist nicht verheiratet. Anfragen nehme ich gerne entgegen.

Manchmal tut es einfach extrem gut, wenn man das Chaos des Tages zumindest verbal bei jemandem abladen kann, der in der gleichen Situation steckt wie man selbst, der sagt, »geht mir genauso ...« *Hey, ich bin nicht der Einzige, der manchmal verzweifelt.*

Natürlich hasste er früher Spielplätze (wie wir uns da einig sind) und hat noch konsequenter als ich aus dem Ärgernis Sandkasten eine entspannte Tagesbeschäftigung gemacht. Sein Credo lautet gleichfalls: »Das Beste, was dir als Vollzeitvater passieren kann, sind die Mütter auf dem Spielplatz.«

Er hat damals einfach nette Mütter, leckeres Essen und kühle Drinks kombiniert. Genial! Er war ein Vater unter sechs Müttern, die sich regelmäßig auf der Bank niedergelassen haben, um dem Nachwuchs beim Burgenbauen, Buddeln und Klettern zuzuschauen und sich dabei so wenig wie möglich bewegen zu müssen.

Eine Mutter besaß eine Pizzeria und hat immer eine Auswahl von Köstlichkeiten mitgebracht. Flo war für die Getränke zuständig. Das ist aber auf einem US-Spielplatz gar nicht so einfach – zumindest, wenn es um alkoholische geht. Das ist in der Öffentlichkeit nicht machbar. Geht gar nicht. Ist auch nicht erlaubt. Sie kennen ja diese Filme, in denen die Leute den Kirschlikör immer in eine braune Papiertüte stecken und verschämt hinter der nächsten Ecke einen Schluck nehmen.

Flos Lösung: Er füllte selbstgemachte Margarita einfach in der Thermoskanne ab. Ist unauffällig und umweltschonend.

Ich glaube, ich frage meine Mütter auch mal, ob sie Margarita mögen. Der Spielplatz wird noch der schönste Ort auf Erden.

Kapitel 11

Standhaft bleiben!
Mein Kampf gegen Haustiere –
und wie ich ihn verlor

Bekommen wir einen Hund?
Bekommen wir eine Katze?
Bekommen wir Fische?
Wenigstens einen Hasen?

Ben und Mathilda

*E*s gibt wirklich nur wenige Dinge, die ich nicht ausstehen kann. Ich schwöre. Es ist echt nicht viel. Normalerweise bin ich flexibel und tolerant. Aber ich habe ein paar Prinzipien: Ich trage niemals Hosen ohne Gürtel (sieht übel beulig aus). Ich treibe niemals Sport mit Frauen (Ich will immer gewinnen. Egal wie – da kann ich echt keine Rücksicht auf weibliche Befindlichkeiten nehmen). Und ich will keine Haustiere. Und wenn ich keine Haustiere sage, dann meine ich keine Haustiere! Keine Meerschweinchen, keinen Hamster, keine Schildkröte und vor allem keine Katzen. Die sind besonders schlimm. In diesem Leben werden wir sicher keine Freunde mehr – und im nächsten auch nicht. Das liegt daran, dass ich eine Katzenhaarallergie habe und nach dreißig Sekunden mit Miezi in einem Raum unter massiver Atemnot und tränenden Augen leide – besonders schlimm ist, dass die Viecher ausgerechnet immer mit mir kuscheln wollen und mich pausenlos umschwänzeln. Ich kriege schon beim Gedanken daran Beklemmungen. Diese haarigen Kuschelmonster verstehen einfach kein »Geh weg«.

So ziemlich jedes Tier (von der Wüstenrennmaus bis zum Dinosaurier) stand nun jedoch schon auf den diversen Wunschzetteln von Ben und Mathilda für Geburtstage, Weihnachten oder Ostern. »Bekommen wir einen Hund? Bekommen wir einen Hasen? Bekommen wir Fische? ...« Aber mein Leben ist mit der regelmäßigen Versorgung der Kinder schon komplex genug. Da rutscht einem so ein Haustier ja glatt mal durch.

Prinzipien sind so lange toll, bis man sie zum ersten Mal

bricht. Bei mir war das, als die Triopse bei uns einzogen. Eigentlich wünschte sich Mathilda zum hundertsten Mal einen Hund. Natürlich! Einer dieser lustigen gefleckten Dalmatiner würde ihr gefallen, meinte sie – oder dieser Dackel-Verschnitt unserer Freunde, jedenfalls ein Wollknäuel auf vier Pfoten zum Kuscheln.

Verdammt, nein, nur über meine Leiche!!! Ich mag Hunde. Ich hatte ja schließlich früher auch einen. Aber eines ist klar: Nach zwei Wochen bin ich derjenige, der morgens, mittags und abends mit dem neuen Familienmitglied Gassi geht. Logo. Wer denn sonst? Ich kenne meine Kinder.

Neulich habe ich wieder einmal davon geträumt, wie ich um den Finger gewickelt werde: »Papa, es regnet so schlimm, und ich muss ja gleich in die Schule. Kannst du mit dem Hund gehen?« Dazu die Bambi-Augen meiner Tochter – und schon stehe ich morgens um sieben im Regen auf der Straße. Oder noch besser: »Du, Papa, ich bin ja am Wochenende bei Oma. Da kann ich den Schnuffel nun wirklich nicht mitnehmen.« Ohhhh nein! Nicht mit mir!

Meine Frau hatte indes unvorsichtigerweise in einem schwachen Moment ein Haustier nicht glasklar ausgeschlossen. Vielen Dank, Ulrike, ich muss das jetzt wieder ausbaden. Natürlich verwiesen die Kids bei jeder sich bietenden Gelegenheit auf das halbherzige »Nein« der Mutter (ich habe Ulrike im Verdacht, dass sie insgeheim auch einen Hund will) – was die Brut ihrerseits als quellwasserklares Ja auslegte.

Die Rettung waren Triopse! Winzige Urzeitkrebse, die man als Komplettset in der Spielwarenabteilung kaufen kann: klein, anspruchslos, geringe Lebensdauer. Großartig! Das war zwar gegen das Haustier-Verbot – aber ich konnte noch größeres Unheil verhindern. Manchmal muss man einfach so handeln: Triopse als beste Haustiere aller Zeiten verkaufen und die Fragerei nach einem Hund dadurch zumindest zeitweise abwürgen. Hat auch schon mal bei Ben funktioniert. Eine wunderbare List, auf die Mathilda sofort ansprang. Schließlich sind Urzeitkrebse Zeitgenossen der Dinosaurier und damit faszinierend genug, um damit auch in der Kita ordentlich angeben zu können. Problem elegant erledigt. Mathilda bekommt ihre Haustiere, und ich habe meine Ruhe.

Zum sechsten Geburtstag kauften wir Mathilda also ihren Triops-Experimentierkasten. Darin enthalten waren die Eier (keine Ahnung, wie die das überstehen), ein Beutelchen Sand, Nahrungsflocken und ein Mehrkammer-Aufzuchtbecken. Mit speziellem Wasser, Thermometer, zwei Wärmelampen und viel Elan gingen wir ans Werk. Wir wählten den perfekten Standort und setzten die Eier ein. Nach ein paar Tagen schlüpften tatsächlich Triopse. Winzig kleine Krabbeldinger, die durchs Becken huschten. Viel weniger als gedacht. Aber tatsächlich waren da welche. Die Kinder waren außer sich vor Begeisterung, wenngleich Mathilda natürlich sofort kritisch bemerkte, dass sie mit einem Krebs ja nicht wirklich kuscheln könne – »zu glitschig, zu haarig«. Insofern seien Triopse natürlich auch keine richtigen Haustiere. »Na ja, aber es ist ein Anfang«, versuchte ich die Situation zu retten.

Mathilda taufte jeden einzelnen und kümmerte sich rührend um Rainbow Dash, Pinkie Pie, Fluttershy, Bloom, Prinzessin Leila und so weiter. Ein paar Zentimeter groß sollten die Triopse maximal werden. Lebenserwartung überschaubar. Bis zu den Ferien. Sehr umsichtig vom Hersteller. Nach zehn Wochen erfreuten sich Rainbow Dash und ihre Freundinnen (bei uns sind die Triopse überwiegend weiblich) immer noch bester Gesundheit. Hässlich, graubraun wie eine Mischung aus Kellerassel und Alien (Teil drei), mittlerweile fast Kindsdaumengroß. Von Verschleißerscheinungen keine Spur!

Irgendwann fuhr Mathilda mit ihrer Mama für ein paar Tage zur Großmutter nach Tirol. Ich konnte leider nicht mit, weil ich krank daniederlag. Das hatte aus Sicht meiner Tochter natürlich auch gute Seiten. Ich wurde sofort als Triops-Pfleger in die Pflicht genommen – und mit vielen guten Ratschlägen versehen und der Betreuung der possierlichen Aliens beauftragt.

Pinkie Pie gab als Erste den Löffel ab. Aber wohin mit ihr? Ich beerdigte sie kurzerhand in der Toilette: zwei Mal spülen und fertig. Etwas später folgte Fluttershy, dann auch noch Pettersson – oder war es Findus? Egal. Ich versenkte die beiden an der Seite von Pinkie Pie ordnungsgemäß in der Berliner Kanalisation.

Mittlerweile leicht panisch, versuchte ich zu retten, was nicht mehr zu retten war – mit Wasseraufbereitungs-Pellets, reichlich Futter, neuem Sand und einer zweiten Partie Eier. Keiner der Triopse überstand meine wirklich gut gemeinte Zuwendung. Und neue schlüpften auch nicht. Mathilda erzählte ich am Telefon natürlich weiter lustige Geschichten von den Urzeitkrebsen. Als sie kurz darauf nach Hause kam, stürmte sie in ihr Zimmer.

»Wo sind meine Krebse??????«

»Welche Krebse?« Ich versuchte, Zeit zu gewinnen.

»Papa, du weißt genau, wovon ich spreche. Meine Triopse.«

»Ach ja, die. Ja, die wurden dann langsam doch etwas zu groß. Ich hab sie in den Zoo gebracht. War das nicht eine gute Idee? Die haben mir zehn Euro dafür gegeben«, log ich.

Mathilda brach nicht wie erwartet in Tränen aus. Sie überlegte.

»Das ist super damit gründe ich eine Triops Zucht und beliefere noch mehr Zoos und werde reich!«

Himmel, hilf. Na ja, wenigstens geschäftstüchtig ist die junge Dame.

Gott sei Dank haben wir seit etwas mehr als einem Jahr einen Garten auf dem Land, nördlich von Berlin. Man fährt gut eine Stunde dorthin – wenn nicht mal wieder auf der Autobahn gebaut wird. In Neuruppin wurden der preußische Baumeister Karl Friedrich Schinkel und der großartige Schriftsteller Theodor Fontane geboren – und ich.

In unserem Garten gibt es auch einen Teich. Er ist das, was ich ein Kleinod nennen würde. Umsäumt ist er von einem Schilfgürtel, der sich sanft im Wind wiegt. An der rechten Seite gibt es eine kleine gemauerte Plattform aus Klinkersteinen, dahinter beginnt die Hecke. In der Mitte haben wir eine Wasserpumpe aufgebaut, damit immer genug Sauerstoff im Teich ist.

Die Tierdiskussion hat ihn zum Verbündeten im Kampf gegen Vierbeiner mit großem Fürsorgebedarf gemacht. Denn hier ist jede Menge Getier geboten: Kaulquappen, Frösche, Raupen und selbst eingesetzte Goldfische sowie regelmäßige Stippvisiten von Katzen, Reihern (schlecht für die Goldfische), Ringelnattern und den Enten Schnipp und Schnapp. Sie alle machen das Kleinod zum Experimentierkasten für den Nachwuchs.

Eigentlich müsste man den Bio-Unterricht an unseren Teich verlegen.

Ben und Mathilda sitzen neuerdings stundenlang am Wasser und versuchen Rückenschwimmer und Frösche zu fangen. Im Frühling liegt massenhaft Laich zwischen den Steinen am Ufer. Für mich ist ja Teichlaich gleich Froschlaich. Oder kennen Sie das anders? Früher war das jedenfalls immer so. Also habe ich mir nichts dabei gedacht, als unsere kleine Nachwuchsforscherin einen Batzen gallertartige Masse in ein Einmachglas einschloss und freudestrahlend verkündete, dass sie gedenke, den Wackelpudding mit in die Kita zu nehmen: »Daraus werden Kraulkrabben.«

»Ja, super«, bestätigte ich: »Das wird bestimmt ein tolles Experiment.«

»Und übrigens heißt es Kaulquappen. Die haben so einen kleinen Dottersack, von dem sie sich ernähren«, dozierte der große Bruder mit wichtiger Stimme.

In der Kita bewunderten alle Kinder die grünlich glimmernde und zähflüssige Masse. Mathilda war der Star des Tages. Und ich fühlte mich richtig gut. Mal was Sinnvolles getan. Die Kinder lernen etwas.

Beim Abholen wendete sich allerdings das Blatt. Ich platzte in eine unerwartete Beratung von Erziehern, Eltern der Freundin von Mathilda und der künftigen Froschmama, die sorgenvoll auf ihr Glas starrte und dann mit sich überschlagender Stimme auf mich zugestürmt kam.

»Papa, das ist kein Froschlaich. Das sind Salomanda-Eier.«

»Was? Du meinst sicher Salamander. Aber ich verstehe nur Bahnhof.«

»Die Mama meiner Freundin ist Forscherin. Die sagt, wir haben Molchlaich gefangen.«

Salamander, Molch? Jetzt mal ganz langsam. Also, das kann ja wohl nicht sein, dachte ich und baute mich vor der Bio-Mama auf. Wollen wir doch mal sehen.

»Hallo, Sie haben keinen Frosch-, sondern Salamander-Laich mitgebracht«, sagte die Mutter freundlich, aber bestimmt.

»Aha! Und woher wissen Sie das so genau?«

»Ich bin Evolutionsbiologin. Molche stehen unter Naturschutz.«

Ups, mein Lächeln fühlte sich gequält an.

Evolutionsbiologin!!! Oh mein Gott! Naturschutz? Wie peinlich. Und wir hatten das Glibberzeug mit in die Kita gebracht. Ich versuchte, die Sache gelassen zu nehmen (nur wer locker bleibt, gewinnt), als sich noch jemand in die Unterhaltung einbrachte: »Die Tiere werden deutlich mehr Sauerstoff brauchen, wenn sie überleben sollen.«

Neben mir schluchzte Mathilda.

»Ist das so?«, fragte ich genervt (*mein armes Kind!*). »Sind Sie etwa auch Forscher?«

»In der Tat! Meine Frau und ich sind Paläontologen.«

Herzlichen Glückwunsch, murmelte ich. Paläontologen. Und gleich zwei. Ich dachte, die gibt es nur bei *Jurassic Park*. Verrückt! Also Zufälle gibt's. Ich beschloss, keine weitere Diskussion zur Frage Molch- oder Froschlaich vom Zaun zu brechen und die wissenschaftliche Übermacht zu akzeptieren.

Mathilda lauschte der Diskussion mit zunehmender Sorge. »Wir nehmen den Laich über Nacht mit und schauen mal, was wir damit machen können«, sagte die Biologin.

»Papa, die wollen mir meine Salomander wegnehmen«, schimpfte das Kleine und konnte sich noch immer nicht beruhigen.

»Nein, die wollen sie retten. Wenn wir sie hierlassen, sind sie bald tot.«

Nur mit Mühe bekam ich die enttäuschte Kleintierforscherin aus dem Kindergarten.

Im Auto verschränkte sie die Arme vor der Brust und jammerte vor sich hin. Plötzlich war ich an allem schuld. Wut, Trauer und Aufregung waren so groß, dass Mathilda mit bibbernder Oberlippe sofort, also noch direkt aus dem Auto, ihre Mama und die Großeltern anrufen und von dem unfassbaren Ereignis erzählen musste.

Erst am nächsten Morgen beruhigte sich die Frosch- ähhh ... Molch-Mama. Irgendjemand hatte über Nacht ein Bild eines Kammmolches (sieht ausgewachsen eher aus wie ein Dinosaurier oder wie eines dieser Exemplare aus *Drachenzähmen*

leicht gemacht) an ihren Spind geklebt und »Tierliebhaberin«
dazugeschrieben. Mathilda war natürlich voller Stolz. Und ich
auch.

Die Molche sind übrigens bei der Biologin geblieben und
schon wenige Tage später geschlüpft. Bei ihr wurden sie in einem speziellen Aquarium groß und fanden dann ein neues Zu-
hause im Weiher der Nachbarschaft. Die Kita-Kids bekamen
regelmäßig Fotos. Der erstgeborene Molch heißt natürlich
Mathilda – die nächsten dann Mama, Papa und Bruder! Die
anderen tragen die Namen der Kita-Kinder. Der verbliebene
Laich an unserem Teich hatte es da deutlich schwerer. Kaum
waren daraus Kleinstlebewesen geworden, bedienten sich alle
möglichen Fressfeinde. Selbst unsere geliebten Goldfische.
Wir gehen davon aus, dass es nur wenige Überlebende gab. Insofern war der Laich-Klau in Wahrheit eine Rettungsaktion.

Über den Gartenteich fanden wir dann zu Kessi. Die kleine
Mischlings-Hundedame unserer Gartennachbarn liebt Ben
und Mathilda –, und die beiden lieben sie (vor allem Mathilda).
Kessi ist an der Schulter etwa dreißig Zentimeter hoch und
sieht aus wie eines dieser lustigen und immer aufgedrehten
Exemplare aus der Werbung – die mit den spitzen Ohren und
unterschiedlich gefärbten Fellpartien um die Augen. Unsere
Nachbarn haben sie aus dem Tierheim geholt.

Was soll man da sagen? Da war er wieder, der Hund.

Erst sind wir nur gelegentlich mit Kessi spazieren gegangen. Ich dachte, wenn Mathilda ab und zu mit ihr spielt, hat sie
ja einen Hund – und ich habe keine Verantwortung.

Heute springt Kessi schon vor Begeisterung am Zaun hoch,
wenn wir nur auf den Hof fahren, und zappelt und bellt und
freut sich. Genau wie Mathilda. Die fiept nun auch so. Wir haben jetzt einen Wochenendhund. Kessi wird von Mathilda begeistert mit Würsten, Leckerlies und Wassertöpfen versorgt.

Neulich thronte »das süße Kessilein« (O-Ton Mathilda) schon auf unserer Wohnzimmer-Couch. Meine Frau bekam umgehend nervöse Schnappatmung. »Runter mit den dreckigen Pfoten!« Aber trennen sie mal einen niedlich dreinschauenden Hund von einer verliebten Tochter. Unmöglich! Kessi gehört jetzt zur Familie.

Jedenfalls haben wir sie irgendwann einmal mit zur Umrundung einer kleinen Seenkette in der Nachbarschaft genommen. Etwa 15 Minuten mit dem Auto entfernt liegen die traumhaften Seen, die sich auch mit mauligen Kindern und selbst bei Regen in etwa einer Stunde romantisch umrunden lassen. Die Leih-Hundedame musste unbedingt mit (»Papa, sonst kann ich nicht EINEN Schritt laufen«). Ich dachte, na gut, vielleicht führt das dazu, dass Ben und Mathilda etwas mehr Begeisterung für den Sonntagsspaziergang zeigen. *Also, um Himmels willen. Der Hund darf von mir aus mitkommen.*

Keine drei Minuten von zu Hause entfernt hielt uns die Polizei an. Routinekontrolle! An einem Sonntag? Das ist mir noch nie passiert. Wer es noch nicht wusste: Hunde müssen im Auto angeschnallt sein oder in einem speziellen Käfig untergebracht werden. Jedenfalls dürfen sie nicht so wie bei uns einfach auf der Rückbank sitzen. Nicht mal nur für fünf Meter. Das war früher auch anders. Kein Mensch hat sich um einen Hundegurt geschert. Heute macht das 25 Euro. Herzlichen Glückwunsch. So viel zum Thema »Haustier!« Lasst mich doch einfach damit in Ruhe.

Die Tierdiskussion werde ich nicht mehr los. Das ist mal klar: Wenn Sie Kinder haben, haben Sie automatisch auch die Fragerei nach Hund, Katze und Kaninchen. Das endet – glaube ich – erst mit überstandener Pubertät. Aber sie lässt sich bremsen – mit Verweis auf Pflege-Kessis, Goldfische und Kreaturen, die in einem Becken leben und nur etwas Futter und Licht brauchen. Das ist gerade noch vertretbar. Der Rest nicht – es sei denn, Sie wollen morgens um sechs bei Wind und Wetter draußen mit dem Hund auf der Straße stehen und warten, bis der seine Geschäfte erledigt hat.

Das Töchterchen dreht sich währenddessen sicher nochmals gemütlich um – und zieht die Decke bis unter die Nasenspitze. Und wenn Sie wieder oben sind und die nasse Jacke ausgezogen haben, ja dann könnten Sie natürlich auch gleich mal zwei Scheiben Toast und die Schokomilch vorbereiten ...

Bei uns gilt folgende Regel: Bis die Kinder verantwortungsvoll genug sind, gibt es keinen Hund. Fertig. Ins Haus kommen solange nur diese heutzutage üblichen elektronischen Ersatz-Spezies: Gurrende, piepende Hatchimals (aus überteuerten Plastik-Eiern schlüpfende Fantasiewesen mit großen Kulleraugen), kläffende, hechelnde Plüsch-Hündchen, die sich überschlagen können, und natürlich Drohnen aller Art haben sich in unserem Haushalt breitgemacht.

Mathilda hat außerdem von Oma und Opa einen batteriebetriebenen hellblauen Baby-Drachen bekommen: Der fiept, wenn er Hunger hat, und muss gehegt und gepflegt und beschmust werden. Und wenn er mal sauer ist, spuckt er rot angestrahlten Wasserdampf und knurrt. Sieht einem Feuerstrahl echt verdammt ähnlich – ist aber harmlos. Nicht so manch anderer außer Rand und Band geratener elektronischer Mitbewohner.

Vor einiger Zeit blickte ich beim mitternächtlichen Toilettengang plötzlich schlaftrunken in die scharlachroten Augen eines über den Boden kriechenden Ninjas – einer Mischung aus einer Hornisse und Chuck Norris. (Den kennen meine Kinder nicht mehr. Sie hoffentlich schon. Sonst komme ich mir brutal alt vor.)

Die übergroße Fauch-Schabe drehte sich plötzlich wie wild

im Kreis, fuhr dann auf und ab, um schließlich mit lautem Getöse gegen die Wand zu knallen. Ich stand massiv unter Schock. *Was ist das verdammt? Einbrecher! Alien-Invasion! Gespenster-Stunde! Mann gegen Maschine!* Es würde auf jeden Fall mein Untergang sein.

Der gewaltige Geräuschpegel aus Schaben-Gefauche und entsetztem Aufschrei weckte dann den Rest der Familie.

»Was ist los?«, guckte mich eine verschlafene Gestalt an, die mich vage an Ben erinnerte. (Ich war ja noch nicht ganz bei mir ...) Stumm zeigte ich auf das Monster.

»Ach das! Das ist nur meine neue Kampfdrohne. Die soll aufladen.«

»Was? Kampfdrohne?« Ich hyperventilierte. »Und warum ist die dann hier in unserem Schlafzimmer und macht sich mitten in der Nacht selbstständig?«

»Na ja, musste mir mal dein Ladekabel leihen. Kann ich jetzt weiterschlafen?«

Während ich zu einem kräftigen »Freundchen, so nicht ...«-Vortrag ansetzen wollte, kam von meiner im Halbschlaf befindlichen Gattin nur ein leises: »Jetzt lass ihn. Er schreibt morgen eine Französisch-Klassenarbeit.«

Erleichtert schob Sohnemann wieder ab. »Na toll ... Französisch. Hast du das Monster etwa nicht gesehen? Kampfdrohne, Kampfdrohne!« Ich protestierte. Aber von der anderen Seite des Bettes war nur noch ein halblautes, gleichmäßiges Schnorcheln zu hören. Vermutlich auch ein Monster ...

Kapitel 12

Geburtstage, Übernachtungsgäste und andere Katastrophen

> Warum ist es plötzlich so verdammt still hier?

Entscheidende Frage bei jeder Kinderparty

*E*s ist vier Uhr nachmittags, an einem schönen Samstag. Ich bin ziemlich genervt. Fußball läuft schon seit einer guten halben Stunde – aber heute muss mein Team ohne mich klarkommen. Bei uns ist Kindergeburtstag angesagt. Wie konnte mir das bloß durchrutschen? Kinderparty ab 15.30 Uhr! An einem Samstag! Hilfe! Dass da bei der Planung nicht alle Alarmglocken geschrillt haben, ist mir im Nachhinein völlig unbegreiflich. Mal wieder ein Anfängerfehler! Wir hätten ja auch am Sonntag feiern können. Passiert mir nicht noch mal.

Mathilda hat alle ihre Freunde aus der Kita-Gruppe eingeladen – und die haben sich schon jetzt zu einem verrückten Knäuel aus Armen, Beinen und Zöpfen verknotet. Ich habe keine Ahnung, wo oben und unten ist – und wie ich das Chaos jemals wieder entwirren soll. Einer heult, einer lacht, einer flucht, die meisten haben Schokoladenhände und mit Kuchenresten beschmierte T-Shirts. *Wie soll ich das nur den Eltern erklären?*

Eins haben alle gemeinsam: Sie schreien. Sie schreien, ohne müde zu werden. Woher nehmen Kinder nur diese Energie? Die ersten haben schon rote Köpfe. Ich muss von Glück sagen, wenn die Nachbarn nicht gleich die Polizei vorbeischicken – oder das Jugendamt.

In unserem Wohnzimmer sieht es aus, als hätte ein Tornado seine Schneise geschlagen: Überall liegen irgendwelche Schnipsel herum, dazu Konfetti, Papierschlangen, Hüte, Schminksachen, Luftballons und Essensreste. Die Jungs haben die *Star Wars*-Figuren kopfüber in die Muffins gesteckt, die Mädchen bekleben die Wände mit Glitzerstickern. Was für ein Durcheinander!

»Einatmen, ausatmen. Die Kavallerie ist im Anmarsch«, versuche ich die ansatzlos schnappatmende Gattin zu beruhigen: Ich habe einen Clown bestellt.

Als die Klingel endlich schrillt, fährt mein Puls herunter und dafür meine Begeisterung für eine Tasse Kaffee hoch. Der von mir sorgfältig ausgewählte Überraschungs-Clown gibt sich alle Mühe, die Kinderschar zu unterhalten: Zaubertricks, Lieder, Ballon-Figuren, Schminken. Die Gattin und ich sind begeistert – die Kinder bestenfalls mittelmäßig angetan. Es wird getuschelt und überall hingesehen, nur nicht zum Zauber-Clown. Den letzten Teil der Vorstellung verkürzen wir. Das volle Honorar ist natürlich dennoch fällig. Na, herzlichen Glückwunsch! Das ist ja mal richtig schiefgegangen. Als Chefplaner des Kindergeburtstages bin ich spätestens ab jetzt versetzungsgefährdet.

Die Kids verziehen sich in Mathildas Zimmer. Nach einer weiteren halben Stunde Lautstärke am Anschlag ist es plötzlich verdächtig ruhig. *Wie lange schon? Zehn Minuten? Zwanzig?* Ich bin ziemlich froh. Die Gattin eher skeptisch.

»Schatz, es ist so ruhig. Das ist nicht normal.«

»Bitte, einfach nicht zucken. Sie können alles machen, solange sie nur nicht schreien.«

»Bitte schau mal, ob alles gut ist.«

»Nein, ich bin doch nicht bescheuert. Dann wollen die wieder was mit uns spielen.«

»Jetzt mach schon. Ich habe kein gutes Gefühl«

»Oh Mann, was soll denn da bitte sein?«

Ich stapfe Richtung Kinderzimmer. Keiner da.

Bens Zimmer? Keiner da.

Schlafzimmer. Keiner da.

Bleibt nur noch das Elternbad. Und tatsächlich. Da sitzt die Geburtstags-Gesellschaft. Auf den ersten Blick alles okay. Aber hatten wir nicht eigentlich dunkle Fliesen und helles, frisch abgeschliffenes Parkett? Jetzt ist alles bunt ... beißender Geruch ... *Himmel!* Die Kids haben die umfangreiche Nagellack-Sammlung meiner Frau entdeckt und sämtliche Fläschchen aufgeschraubt. Einige sind einfach nur umgekippt, bei anderen scheint es, als hätte jemand versucht, den Inhalt wie Jackson Pollock kunstvoll kreuz und quer zu verspritzen.

Sämtliche Aufwischversuche mit Klopapier sind natürlich kläglich gescheitert und haben das Desaster zu einem Mega-Desaster gemacht. Das Bad sieht aus, als wäre im Baumarkt die Abteilung für Malerbedarf explodiert. Mir entgleiten die Gesichtszüge.

Darum war es so still. Hier wurde eine ausufernde Nagellack-Party gefeiert. Meine Schläfen pulsieren.

Und natürlich will es keiner gewesen sein.

»Er hat ...«

»Stimmt nicht. Mathilda ist schuld.«

»Gar nicht wahr!«

»Doch, du«

»Nein, du.«

So geht das fünf Minuten hin und her. Bis Mathilda heulend (typisch Mädchen!) in ihr Zimmer läuft und die Tür zuknallt – und alle anderen nur noch mit den Schultern zucken.

Mit raucht der Kopf. Ist ja letztendlich auch wurscht, wer schuld ist. Viel wichtiger ist die Frage: Wie bekommen wir den Nagellack von den Fliesen runter? (Und warum besitzt meine Frau eigentlich so absurde Lackfarben wie Türkis oder Neon-Orange?)

Natürlich haben wir keine leicht zu reinigenden glatten

Fliesen – sondern mattschwarzen Naturstein. Natürlich. Bei uns muss ja immer alles anders sein.

Inzwischen ist auch die Mutter am Tatort eingetroffen. Sie blickt mit versteinerter Miene auf die Chanel- und Dior-Fläschchen. Da ist nichts mehr zu retten. Ich warte auf den hysterischen (und in diesem Falle mal tatsächlich berechtigten) Anfall.

»Du machst den Kindern *Ice Age* an und parkst sie vor dem Fernseher. Ich mache uns eine Flasche Wein auf!« Das ist ihr einziger Kommentar. Was soll ich sagen? Auch dafür liebe ich meine Frau!

Die kommenden Tage verbrachten die Gattin und ich in wechselnden Schichten mit Nagellackentferner, Schrubber und Kopfschmerzen auf den Knien.

Gelernte Lektion: Nie wieder mit Unter-12-Jährigen zu Hause feiern! Jedenfalls nicht ohne lückenlose Überwachung. Wir hätten ja auch ins Eltern-Kind-Café oder in den Park gehen können. Oder zum Bowling. Oder ins Kino. Oder zum Reiten. Wäre jedenfalls alles besser gewesen.

Kuchen backen, Softdrinks kaufen, Clown aussuchen, Luftballons aufblasen, Goodie Bags packen, seltsame Spiele spielen und so weiter: Ein Kindergeburtstag ist das ungefilterte Grauen – und verlangt dem ungeübten Vollzeit-Daddy eine logistische Meisterleistung ab.

Eigentlich bin ich ja schon mit der Vorbereitung des morgendlichen Gabentisches überfordert. Bei uns gehört ein selbstgebackener Kuchen zum Standardprogramm. Meine Frau findet das gaaaaaaanz wichtig. Einfach zum Bäcker gehen? Also bitte!

Zum sechsten Geburtstag der Prinzessin war ich für den Kuchen zuständig. Madame hatte sich eine Delfin-Torte gewünscht. Was? Einen Delfin? Warum kein Herz? Oder einen Kreis? Jedenfalls irgendetwas, wofür man die entsprechende Form irgendwo in der Schublade hat – oder beim Nachbarn borgen kann. Selbst meine eigentlich mit allem ausgestatteten Super-Mütter vom Spielplatz konnten da nicht helfen.

Nachgefragt also bei der Jubilarin: »Geht auch ein anderes Tier? Ein Pferd vielleicht?« Das wäre bei Diana bestimmt vorhanden.

»Ein Schmetterling?« Marina kann sicher helfen.

»Oder eine *Star Wars*-Figur?« Die hat Freds Mama bestimmt im Sortiment.

Fiese Abfuhr eingefangen: »Papa, ich bin deine einzige Tochter. Es muss ein Delfin sein. *Bitte*!« Dazu Bambi-Augen.

Okay, okay. Verstanden! Ich bin eben doch ein Lamm. Blieb nur noch Amazon. Ein Glück ist die Gattin Prime-Kundin – und der Backstore mit allem ausgerüstet. Delfin bestellt. Der Postmann brachte das Paket in Windeseile. Problem gelöst. Ich war gerettet. So einfach geht das.

Dachte ich zumindest. Aber das Vieh musste ja auch noch gebacken werden.

Nach dem dritten Versuch sah der Meeresbewohner immer noch aus wie eine Kraterlandschaft, hatte einen seltsamen Kopf und einen verkümmerten Schwanz. Nur mit viel Fantasie war da ein Delfin erkennbar. Aber ich bin auch nicht Mr. Meisterbäcker.

Wie löse ich das Problem? Hah! Alle Löcher fix mit Smarties und Kerzen ausgefüllt. Und so bemerkte kein Mensch den fehlerhaften Körperbau des Geburtstagskuchens. Der Jubilarin ist auch nicht aufgefallen, dass zum sechsten Geburtstag acht Kerzen angezündet waren. Der missratene Delfin wurde bestaunt und beklatscht, als wäre er der leibhaftige Flipper.

Tochter glücklich, Frau glücklich, Tag gerettet – zumindest den Familienteil habe ich halbwegs hinbekommen.

Die Bruchlandung mit den Partygästen hat mich allerdings in tiefes Grübeln versetzt.

Ab sofort wird nur noch auswärts gefeiert! Im Zoo, auf der Bowlingbahn und im Kinderlabyrinth sind Profis am Werk – mit Nerven aus Stahl und Engelsgeduld. Künftig kaufe ich mir Ruhe und einen reibungslosen Kindergeburtstag. Egal, was es kostet. Hauptsache nicht zu Hause. Jedenfalls nicht, solange Mathilda nicht mindestens zwölf Jahre alt ist. Im Gegensatz zu Kindergeburtstagen sind Teenager-Partys nämlich die reinste Vergnügungsfahrt. Man darf nur nicht den Überblick verlieren …

Ben hatte sich zum Schulwechsel eine Party gewünscht. Alles easy: Burger und Softdrinks. *Ha! Kein Problem. Ich bin der Ober-Grillmeister! Im Gegensatz zum Delfin-Kuchen bekomme ich das locker hin.* In dem Fall bestand die Herausforderung eher darin, mit der richtigen Menge an Fleisch und Getränken zu planen. Das ist etwas tricky, denn am Ende sitzen dann deutlich mehr Teenies in Bens Zimmer, als von uns zunächst vermutet.

Gelernte Lektion: Bei Teenager-Partys immer mit der doppelten Anzahl der eingeladenen Gäste rechnen – weil ein Mädchen nicht ohne ihre beste Freundin (und die Freundin der Freundin) kommen kann und weil der Sohnemann auch noch ein paar Jungs extra einlädt, aber vergisst, das auch zu kommunizieren.

Ich hatte übrigens auch gedacht, dass sich eine Party mit 13-Jährigen um spätesten 22 Uhr auflösen sollte. Aber weit gefehlt. Um 23 Uhr hingen immer noch diverse Jungs – und vor allem Mädchen – bei uns ab.

Die müssen doch jetzt mal heim ...

»Wie kommt ihr denn nach Haus?«

»Easy, mit der Bahn. Sind nur ein paar Stationen.«

»Mit der Bahn? Um die Zeit?«

»Ja, machen wir immer so. Wir fahren zusammen.«

Großer Gott, die Zeiten haben sich aber so was von geändert. Früher ..., dachte ich. Aber was soll's. Ben sagt immer, ich solle nicht so viel von früher sprechen. Unsere Eltern hätten uns nicht und so weiter ... Es sei voll blöd und uncool, die Gegenwart immer mit der Vergangenheit zu vergleichen. Schon verstanden. Mache ich nicht mehr. Jedenfalls nicht mehr so oft.

Beim Hausbau sagt man ja gerne: Es dauert doppelt so lange wie geplant und wird doppelt so teuer. Und am Ende regt man sich immer noch über irgendetwas auf. Ist bei Teenager-Partys ähnlich. Aber wenn man das einplant, kann nichts passieren. Einfach gelassen bleiben. Sag ich ja jetzt auch nicht zum ersten Mal.

Gäste haben wir permanent. Nicht nur zu Geburtstagen, Ausflügen und Partys. Auch an normalen Wochenenden tummeln sich bei uns diverse »Beutekinder«: »Sleepover« steht bei Ben und seinen Kumpels derzeit besonders hoch im Kurs.

Das ist auch so ein unerwarteter Teil meines neuen Jobs: Organisation und Betreuung von Übernachtungen.

Oscar war neulich mal wieder bei uns. Er ist einer von Bens besten Freunden. Und er liebt die PlayStation mindestens genauso wie der Erstgeborene. Die beiden hatten offenbar Großes geplant. Entsprechend geschickt moderierte Ben die Sache an.

»Kann Oscar am Wochenende zu uns kommen?«

»War der nicht erst letztes da?«

»Vorletztes! Aber wir sind *best buddies*. Brüder, Mann! Verstehst du?« (*Wir müssen* echt *mal über Sprache reden, mein Lieber!*)

»Also gut. Klar. Oscar kann immer zu uns kommen.«

Kurze Pause …

»Kann Oscar seine PlayStation mitbringen?«

»Häh, Ben. Wieso das denn, du hast doch eine.«

»Ja, aber wir können mit einer ja nicht zusammen spielen.«

»Wieso nicht?«

»Weil wir gemeinsam online zocken wollen.«

»Und das geht nicht mit nur einer PlayStation?«

»Oh Mann, natürlich nicht. Jedenfalls nicht richtig.«

»Warum nicht?

Böser Blick von Ben.

»Okay, okay. Von mir aus.«

»Super, vielen Dank. Echt richtig ehrenhaft.«

Glücklich schob Sohnemann ab, während ich dachte, dass die Sache doch irgendeinen Haken haben musste.

»Ben?«

»Ja.«

»Du hast doch aber bei dir nur einen Fernseher. Wo wollt ihr denn Oscars PlayStation anschließen?«

»Na wir bauen euren Fernseher aus dem Wohnzimmer ab und schließen ihn bei mir im Zimmer an …«

»Bist du verrückt? Sonst noch einen Wunsch?«

»Aber ihr braucht den doch gar nicht.«

»Stimmt. Aber er ist wie ein Möbelstück, das dann hier fehlt.«

»Ach bitte, ich baue auch alles ordnungsgemäß auf und ab.«

»Na gut. Von mir aus.«

Hatte ich erwähnt, dass der Weg des geringsten Widerstandes sehr malerisch sein kann?

Oscar brachte dann also seine Konsole mit, und der Fernseher aus dem Wohnzimmer verschwand für ein Wochenende in den Untiefen von Bens Zimmer, das fortan aussah wie das Cockpit von einem A380. Überall blinkten irgendwelche Schalter und Controller, zuckten Displays, brummten Warnsignale, fiepten Adapter.

Und mittendrin Teenager, die sich seltsame Kommandos gaben und Rücken an Rücken auf ihre Bildschirme starrten.

»Rechts, rechts, rechts …«

»Vorsicht, hinter dir.«

»Ich bin hier, ich bin hier.«

»Oscar, was machst du?«

»Gib mir Deckung.«

»Komm hier rüber. Rüber. *Rüber* …«

Verstehen Sie das? Nein? Ich auch nicht. Das ging ungefähr zwei Stunden so. Dann war Raubtierfütterung mit Pizza und Sprite angesagt – und dann folgte Teil zwei der PlayStation-Challenge.

Die Ausbaustufe des »Sleepovers« sind dann zwei oder drei Übernachtungsgäste. Hatten wir alles schon. Für Ben und seine Freunde ein »epischer« Spaß, für uns Erwachsene eine Herausforderung – auch wenn wir Bens Freunde wirklich toll finden. Ganz besonders für mich, weil ich wach bleiben will, bis die Jungs gegen Mitternacht auch mal das Licht ausmachen müssen. Meine Frau ist nach einer harten Woche meistens nicht länger als bis 23 Uhr wach. Total verständlich. Ich muss dann mit Espresso und der Wiederholung irgendeiner mittelmäßigen Spät-Talkshow durchhalten.

Und versuchen Sie mal, den Geräuschpegel bei Teenies unter Kontrolle zu halten. Aussichtslos! Da wird permanent gekabbelt: um den Schlafplatz, um die Getränke, um den Controller, um die Musik, einfach um alles. Ben würde sagen, dass das unter Jungs in dem Alter völlig normal ist. Das sei auch kein Streit – eher wie ein kleiner Zoff unter Hundewelpen. Da würde ja auch mal eines quieken, wenn es ins Ohr gebissen werde. Na ja, ich weiß nicht.

Ist mir aber auch egal! Geisterstunde. Licht aus. Ruhe.

Klappt natürlich nicht.

Also schlurfe ich um 0.30 noch mal ins Jungs-Zimmer: »Leute, Ruhe jetzt! Schlaft bitte!«

1 Uhr. Ich ermahne die Jungs!

1.15 Uhr: Ich drohe: »Wenn ihr jetzt nicht ...«!

1.45 Uhr: »RUUHE JETZT!«

2.07 Uhr: Ich höre sie immer noch.

Aber ich bin einfach zu erschöpft.

Ich muss schlaaaaaaaa ...

Kapitel 13

**Meine Welt, deine Welt!
Warum familienfreie Zonen und Bier
aus der Flasche so wichtig sind**

*Mund abputzen,
weitermachen.
Das Spiel ist noch
nicht vorbei.*

Mirko, Handball-Trainer

*M*ein Ort der Glückseligkeit ist dunkel, überfüllt und müffelt nach Schweiß. Ich meine nicht das S-Bahn-Abteil im Pendlerzug morgens um sieben. Ich meine die Handball-Kabine.

Nirgendwo fühle ich mich männlicher. Nirgendwo fühle ich mich geerdeter. Nirgendwo fühle ich mich freier. Hier sind Männer einfach Männer: stark, zotig, bierselig. 14 Kerle, die nur ein Ziel haben: den Gegner zerstören und unter Siegesgeheul um den Ball tanzen. In der Kabine wird Klartext geredet. Es gibt kein Drumherum, keine falsche Scham und keine Lügen. Wir sagen, was Sache ist – und wir machen, was gemacht werden muss.

Ich spiele Handball, seit ich laufen kann. In meinen besten Zeiten habe ich fast täglich trainiert – vor und nach der Uni. Es gab für mich nur Handball, Handball, Handball – und dann lange nichts. Bester Sport der Welt! Hart, schnell, fordernd und ultimativ männlich. Nichts für Weicheier und Warmduscher!

Die Halle ist unsere Bühne – und die Kabine, in der wir nach einem Sieg Lieder grölen und Bier aus der Flasche trinken, ist eine garantiert frauen- und familienfreie Zone. Hier fühle ich mich ganz bei mir und sauwohl. Das ist meine Welt.

Und das Beste daran ist: Sie gehört nur mir. Hier bin ich zwei Mal in der Woche nicht fremdbestimmt. Beim Handball gibt es keine nörgelnden Kinder oder, noch schlimmer, nörgelnde Großeltern, weil sie die Enkel schon so lange nicht mehr gesehen haben. Und auch keine gereizte Ehefrau, die mit ihrer Haarfarbe unglücklich ist. »Schatz, sind die Strähnchen nicht zu gelb?« *Ja, sind sie. Aber wenn ich das jetzt sage, kommen wir nie los. Und wenn ich nichts sage, dann bin ich auf jeden Fall zu teilnahmslos:* »Es kann dir doch nicht egal sein, wie ich aussehe.« *Doch, Schatz! Grade schon. So ist das eben manchmal.*

Ein paar Mal habe ich relativ ernsthaft erwogen, mit dem Handball aufzuhören. Zuletzt nach einem ungebremsten Fall auf die rechte Schulter, gefolgt von einem Knirschen, das sogar noch auf der Zuschauertribüne zu hören war. Drei Wochen lang konnte ich mir Hose und Socken nicht allein anziehen und musste mir von Ben helfen lassen. Wie unwürdig. Mir war das natürlich unfassbar peinlich. Ich glaube Ben auch.

Aber wie Handballer nun mal so sind – ich bin natürlich nicht zum Arzt gegangen. Der hätte mich bloß krankgeschrieben. Und dann hätte ich nicht zum Training gehen können. Geht gar nicht. Also hab ich die Zähne zusammengebissen – und geduldig die Sticheleien meiner Ehefrau (»Alter ist eben nichts für Feiglinge, Schatz!«) über mich ergehen lassen. *Ich und alt? Von wegen!*

Trotzdem komme ich mir inzwischen im Training auch ab und an ziemlich blöd vor zwischen den Azubis und Studenten Jahrgang 1990 bis 1998. Mein Geburtsjahr … na ja, lassen wir das. Auf jeden Fall stand die Mauer noch. Ein paar von den Jungs könnten echt meine Söhne sein. Als ich in deren Alter war, habe ich mir geschworen, dass ich spätestens dann aufhöre, wenn ich glühende Schlangensalbe auf dauerhaft schmerzende Muskeln reiben muss, um einigermaßen aufrecht stehend den Schlusspfiff erleben zu können.

Ich war jung und hatte keine Ahnung – denn den Punkt habe ich nun auch schon um fünf Jahre überschritten. Gut, genau genommen um sieben Jahre. Aber wenn ich nicht regelmäßig zum Handball gehen würde, wäre ich deutlich unausgeglichener und hätte bei meinen zwei Metern Größe vermutlich schon 125 Kilo auf den Rippen. Dann doch lieber eine knirschende Schulter und kaputte Knie …

Mit die ältesten Handballer waren übrigens die grandiosen Schweden vom THW Kiel, Olsson und Wislander, die um die 40 noch hochklassig gespielt haben. Aber angeblich wurden die den ganzen Tag nur massiert. Gibt es natürlich beim Amateurhandball nicht. Mir bleiben nur Ibo, die Badewanne und Voltaren-Salbe.

Beim Sport ist meine Frau ambivalent. Einerseits ist sie – ich zitiere – »ein echtes Handball-Groupie« und liebt es, dass ich der Zehn-Tore-Rückraumspieler mit den langen Haaren bin. Anderseits ist sie maximal genervt, wenn ich sie und die Kids am Wochenende wieder stundenlang alleinlasse. Ein Spiel dauert mit Anreise, Aufwärmen, Vorbereitung und Bierchen danach schon mal vier Stunden – auswärts bei den Ausmaßen von Berlin auch noch mal deutlich länger.

»Wollen wir nicht lieber mal was als Familie machen?« *Pfffff …*

Als wir noch nicht verheiratet waren, haben wir sogar unseren Pendel-Flugplan auf meine Handball-Termine in Hamburg abgestimmt. Heute muss ich schon bei der Vorbereitung auf ein Auswärtsspiel im Berliner Außenbezirk Rudow strategisch vorgehen.

»Schatz, du liebst es doch, dass ich Handballer bin«, säusle ich der Gattin am Vorabend zu und reiche ihr ein Glas Grauburgunder.

»Hmmmm … Danke … Habt ihr am Wochenende schon wieder ein Spiel?«

Himmel, ja klar haben wir das! Es ist doch Saison! Das ist doch wohl logisch.

»Ja, aber es passt zeitlich sehr gut«, versuche ich sofort zu deeskalieren.

»Du wolltest doch eigentlich weniger spielen. Denk an deine Schulter. Auch du wirst älter!«

»Stimmt, aber es geht gegen den Tabellenführer. Da brauchen die meine Erfahrung. Sonst wird das nix ...«

Zack! Der anfängliche Widerstand ist gebrochen. Welche Frau ist nicht gerne mit dem für das Spitzenspiel umworbenen Rückraumschützen verheiratet?

Funktioniert übrigens auch jedes Mal am Ende der Saison: »Schatz, nächstes Jahr wird alles besser. Da mach ich nur noch die Saisonvorbereitung ... Nur noch einmal die Woche Training ... Du, die sind ein Mann zu wenig, dieses eine Spiel ... und dieses und ... was soll ich sagen: Jetzt steht die Mannschaft, und wir sind so gut eingespielt ... nächste Saison höre ich auf! Echt ...«

Letzte Saison sind wir sogar nochmals aufgestiegen. »Kann sein, dass die Jungs meine Erfahrung in der höheren Liga dann doch brauchen. Die sind ja alle echt noch sehr jung. Natürlich müsste ich dann auch noch etwas mehr trainieren. Ich will ja meine Karriere nicht mit einem Abstieg beenden. Aber dann ist wirklich Schluss ... Versprochen.«

Vermutlich glaubt mir meine Frau in Bezug auf Handball ohnehin längst kein Wort mehr! Die Wahrheit ist: Solange sie mich nicht raustragen, spiele ich weiter. Weil es Spaß macht und für dieses Gefühl, etwas zu haben, das nur mir gehört, für dieses Gefühl der Männlichkeit. Ich halte mich da an die Weisheit meines Trainers Mirko: »Mund abputzen, weitermachen. Das Spiel ist noch nicht vorbei.« So nämlich.

Und nach dem Duschen packe ich in der müffelnden Kabine meine Sachen, haue den Jungs auf die Schulter und fahre heim zu meiner Familie. Ausgepowert und überglücklich.

Sport, mit Jungs abhängen, Zeit für mich: Männer müssen Männer-Sachen machen, damit sie sie selbst sind – und vor allem auch sie selbst bleiben. Das gilt für mich in meiner neuen Rolle ganz besonders. Für die Familien-Architektur ist es extrem wichtig, dass meine Frau immer auch zu mir »aufblicken« kann. Gerade weil sie im Job so viel Gas gibt, ist sie zu Hause eher anlehnungsbedürftig. Und dafür muss sie meine Stärke spüren. Geht nicht, wenn ich nur Karotten für die Kids schnipple oder mit Mathilda *My little Pony* mit verteilten Rollen spiele (»Papa, du kannst Fluttershy sein – ich bin Rainbow Dash!«). Schon eher, wenn ich schwere Schränke wuchte oder sie vor fiesen Spinnen beschütze. Das geht aber eben nicht jeden Tag.

Seit ich Vollzeitvater bin, weiß ich Zeit nur unter Männern noch mehr zu schätzen. Ich spreche mit meinen Freunden eine andere Sprache, wir verstehen uns auch ohne Worte. Freundschaften und Männerrunden sind Rückzugsorte, die identitätsstiftend wirken. Uns Jungs reichen ein Bier, ein Schulterklopfen und eine stundenlange Diskussion darüber, warum der HSV den Abstieg auch mal verdient hat – und wieso die Bremer sowieso die bessere und coolere Mannschaft sind. Das ist für mich ein perfekter Abend. Verstehen nur die wenigsten Frauen.

Ich kenne meine besten Freunde seit dem Gymnasium. Wir sind unzertrennlich (oder wie die Freundinnen von Ben sagen würden: BFFs – best friends forever ...) Aber das war nicht immer so.

Einige konnten früher auch erst einmal gar nichts mit mir anfangen. Mein Freund Sebastian beispielsweise fand das »Monster aus dem Schwimmbecken« (zu DDR-Zeiten war mir eine Schwimmer-Karriere vorgeschrieben) eher suspekt. Auch meine beginnende Handballer-Karriere (Spitzname: »Walze«) machte es nicht besser. Ein grobschlächtiger, schwitzender Sportler und der Feingeist mit den Pianisten-Händen – wie soll das gehen? Und doch haben wir uns gefunden. Gegensätze ziehen sich an.

So ist es auch mit meinem Freund Sebastian 2, genannt »Pfote«. Mit ihm habe ich während des Studiums in einer WG gelebt. Berlin Moabit, Emdener Straße – eine großartige Zeit. Pfote hatte damals im Gegensatz zu mir schon Sinn für die schönen Dinge. Sein Zimmer war immer perfekt eingerichtet, selbst Schnittblumen in der Vase fehlten nicht. Er hatte einen exzellenten Weingeschmack, und er konnte schon damals sternemäßig kochen. Wie ein Schüler von Paul Bocuse. Unsere Küche war vor allem bei unseren Uni-Freundinnen berüchtigt ...

Uns Jungs (insgesamt sind wir sechs) verbindet mittlerweile eine lebenslange Freundschaft – auch dank unserer Männer-Urlaube! Jedes Jahr Snowboarden in den Alpen, Wellenreiten im tosenden Atlantik, Klettern in den Dolomiten, wandern und schlemmen in Tirol ... wenig Komfort, viel Spaß. Auch in der Toskana – in einem Kaff namens Sasso Pisano, oder war es La Populetta? Ich kann mich nicht mehr so richtig erinnern, weil ich nämlich nach gefühlten 16 Stunden Fahrt noch mal 30 Minuten zusammengezwängt im Kofferraum des Transporters ausharren musste, bis der Rotwein trinkende Gastgeber endlich weg war. Wir waren sechs Jungs, hatten aber nur für fünf gebucht. Und jedes Mal, wenn der Poolboy mit dem Chlor-Eimer kam, durfte ich in der Besenkammer verschwinden.

Beim Snowboarden sind wir (anders als heute, wo man gemütlich um 11.30 Uhr zwei Abfahrten nimmt und dann in der Hütte versackt) immer noch die erste und die letzte Spur gefahren – fast ohne Pause, um es danach an der Ski-Bar so richtig krachen zu lassen. Ich liebe diese Erinnerungen und alten Geschichten. Es kommen ja im Familienleben auch selten noch durchtanzte Nächte dazu.

Aber auch wenn die Organisation eines familienfreien Wochenendes mittlerweile so komplex ist, dass wir kilometerlange Mail-Würmer produzieren: Einmal im Jahr machen wir Männer-Urlaub! Oder wie ich heute sage: 72 Stunden ohne Familien-Wahnsinn. Großartig! Die Vorbereitung kostet uns zwar Nerven ohne Ende, weil wir mittlerweile über die gesamte Republik und bis in die Schweiz verteilt sind, aber irgendwann stehen wir dann doch morgens um sieben am Flughafen. Ohne Kinder. Ohne Frauen. Bereit für drei Tage Männer-Kram. Wir nehmen uns jetzt die europäischen Hauptstädte vor. Barcelona, Paris, London, Lissabon ... Es gibt noch einiges zu tun.

Das Familienleben ist eine Abenteurer-Wüste. Nix los. Mit Frau und zwei Kindern findet Urlaub im Robinson-Club und in der familienfreundlichen Finca auf Mallorca statt. Ich kenne mich auf dem Flughafen von Palma mittlerweile so gut aus wie in meinem Arbeitszimmer. Meist reisen wir auch noch in Begleitung eines beträchtlichen Teils der Familie. Oma und Opa gehören ebenso dazu wie die Schwester meiner Frau mit Mann und zwei Kindern und gelegentlich auch ein Freund von Ben. Das Chaos können Sie sich vermutlich vorstellen.

Unter diesen Umständen sind natürlich nicht die wildesten Wellen, sondern das beste Kinderprogramm und umfassende Versorgung mit Nahrung für die Auswahl des Ferienziels wesentlich: Arschbomben-Wettbewerb und Kinder-Skikurs statt Klippenspringen und »Abseits der Pisten«-Fahren.

Bei Anwesenheit von Kindern stellt sich ohnehin die Frage, ob der Wortsinn des Begriffes Urlaub in diesem Fall erfüllt ist. Urlaub hat für mich etwas mit Erholung oder mit Aufregung zu tun. Beides geht mit Kindern nicht. Mathilda steht eben leider auch im Urlaub um spätestens acht Uhr am Bett und möchte bespaßt werden. Anders als zu Hause kann ich den nach Schokomilch und Toastbrot quengelnden Nachwuchs dann aber nicht in die Kita bringen und nochmals genüsslich im Bett kollabieren. Daheim bleiben einem wenigstens ein paar Stunden für solche Dinge wie Arbeit, Sport oder Lektüre. Der »Urlaub« mit Kids dauert 24 Stunden am Tag (mit ein bisschen Glück minus 30 Minuten, in denen Papa joggen geht. *Allein!*).

Und Aufregung in den Kinder-Ferien beschränkt sich auf Koffer, die statt nach Palma nach Las Palmas geliefert wurden oder auf vergessene Ladegeräte, Kuscheltiere und Zahnspangen.

Letztes Jahr hatten wir verpennt, Bens Reisepass verlängern zu lassen. Aufgefallen ist das erst am Flughafen kurz vor Start der Maschine. Versuchen Sie mal – in kürzester Zeit – so etwas mit der Bundespolizei zu regeln. Hat Gott sei Dank geklappt. Aber das brauche ich auch nicht noch mal.

Den jüngsten Ausflug, den man vielleicht noch als aufregend bezeichnen könnte, nimmt mir meine Gattin noch heute übel. Ich fand es eine großartige Idee, mit der Familie in einer 15-PS-Nusschale auf Mallorca von Bucht zu Bucht zu fahren. *Was soll da schon passieren?*

Aber vielleicht hätte ich die Runzeln auf der Stirn des Bootsverleihers in Portocolom ernster nehmen sollen. Außerhalb des Hafens herrschte ziemlicher Wellengang (meine Jungs hätten es geliebt), der einen Norddeutschen wie mich nicht erschüttern konnte – wohl aber den Rest der Familie mit österreichischen Wurzeln.

Nachdem der erste mächtige Wellenbrecher das Boot überspült hatte, klammerte meine Frau das heulende Mädchen an sich und schrie so laut, dass vermutlich die Leute am Strand von Marokko noch ihr Vergnügen hatten. »Wie kannst du deine Familie in eine solche Situation bringen? Ich will sofort zurück. Und die Scheidung!!!«

So schlimm war es natürlich nicht. Aber ich hielt es dennoch für angeraten, den Ausflug nach Besuch der ersten Bucht abzubrechen und wieder den sicheren Hafen anzusteuern. Die Gattin presste für den Rest des Tages die Lippen fest aufeinander und setzte die Sonnenbrille auch am Abend nicht ab. So viel zum Thema, dass Abenteuer und Nervenkitzel auch mit Familie möglich sind. Vielleicht mit Ihrer. Mit meiner jedenfalls nicht.

Und Dankbarkeit darf man sowieso nicht erwarten. Da können Sie die großartigsten Ausflüge planen, alles toll inszenieren und sich zum Volldeppen in der Achterbahn oder beim Arschbomben-Wettbewerb machen. Die Kinder haben drei Tage später schon wieder alles vergessen. In grauer Vorzeit weilte die Gattin mit Ben bei einem Mutter-Kind-Wochenende im Disneyland nahe Paris, um dem Jungen drei unvergleichliche Tage im Freizeitpark und der französischen Hauptstadt zu ermöglichen. Mich ereilten derweil im Minutentakt Fluch-Botschaften der damals erst werdenden Ehefrau. Für Ben war es toll, für Ulrike die Hölle. Logo.

Einige Monate später erzählte sie Freunden von der Reise. Ben hat die Unterhaltung nur halb mitbekommen, aber genug verstanden, um sich mit folgendem Satz einzubringen: »Paris? Wie, wir waren in Paris?«

Kapitel 14

PR in eigener Sache.
Wie ich mich meinen Kindern und
Freunden verkaufe

Hey, jetzt chill doch
einfach mal dein Leben.

Ben

*E*twas zu machen und zu etwas wirklich zu stehen, können bekanntlich zwei unterschiedliche Dinge sein. Ich habe mich entschieden, daheimzubleiben und mich ganz und gar der großen Aufgabe Familie zu widmen – mit allem, was dazugehört: Haushalt, Schul- und Kita-Organisation, Reiseplanung, Handwerker-Koordination, Liebeskummer und dem ganzen täglichen Wahnsinn. Als Job-Bezeichnung gefällt mir der Begriff Familien-Manager dafür am besten! Das klingt irgendwie modern und hört sich nicht so sehr nach Hausmann an – eher nach komplexer Aufgabe. Und das trifft es auch am besten.

Hah! Man muss das Job-Profil einfach ein bisschen aufpolieren. Gutes Marketing in eigener Sache! Geht doch.

Stellenanzeige

Arbeiten 4.0: Werden Sie Familien-Manager!

Sie verfügen über krisenfestes Verhandlungsgeschick? Weitreichende organisatorische Fähigkeiten? Soft Skills, Teamfähigkeit, strategisches Denken? Sie gehen Problemlösungen konsequent und flexibel an? Sie sind zuverlässig, kritikfähig, durchsetzungsstark und dynamisch? Sie sind bereit, zu unmöglichen Zeiten zu arbeiten – sieben Tage die Woche, 365 Tage im Jahr? Ihnen sind Geld und Anerkennung von mehr als vier Personen nicht so wichtig? Dann sind Sie unser Mann! Gerne auch mit abgeschlossenem Hochschulstudium – ist aber keine Voraussetzung …

Wir bieten:

Manager-Posten bei prosperierendem Familienunternehmen mit vier Personen: eine Frau (leicht chaotisch, aber großartig), zwei Kinder (leicht verpeilt, aber süß), eine Oma (leicht anstrengend, aber liebenswert), einen Wochenendhund (etwas nervös, aber goldig).

Arbeitszeit: von morgens bis abends. Notfalls auch mal nachts. Dafür aber lange Mittagspausen.

Dienstsitz: Berlin/Brandenburg

Umfeld: herausfordernd, keine Routinen, Aufgabenzuschnitt variabel.

Team: Alleinkämpfer.

Aufstiegschancen: gering, es sei denn, Sie wollen Elternsprecher werden.

Gehalt: Kuscheln mit der Tochter, Fifa-Zocken mit dem Sohn, Sex mit der Gattin.

Den Job hatte ich schnell (es gab meines Wissens auch keinen anderen Bewerber ...) Aber die selbstbewusste Haltung, der gerade Rücken, der kam erst deutlich später. Anfänglich habe ich mich sehr schwer damit getan, über meine neue Rolle mit Menschen außerhalb meines engsten Familien- und Freundeskreises zu sprechen. Ich hatte schlicht Sorge, ich könnte belächelt oder kritisiert werden. Wie würden meine Freunde reagieren? Die sind alle in festen Jobs, haben tolle Positionen als Ärzte, Juristen oder Betriebswirte und sind die Versorger ihrer Familien oder haben zumindest einen großen finanziellen Anteil.

Was sagen meine Kollegen? Und wie sage ich es meinem Chef? Und vor allem: Wer sagt in so einem Fall schon das, was er wirklich denkt? Würde ich ehrliches Feedback bekommen?

»Und was machst du so?«

»Ich? Ähhh. Ja … ich kümmere mich um die Familie und arbeite freischaffend von zu Hause.«

Wie hört sich das denn an? Ein Leben als Weichei. Oder klingt das womöglich auf eine sehr moderne Weise selbstbewusst? *Hey, der Typ ist echt mutig! Der lebt das, was ich mich (noch) nicht traue. Warum mache ich das eigentlich nicht?*

Anfänglich bin ich Gesprächen einfach aus dem Weg gegangen, die in die »Und was machst du so?«-Frage mündeten – weil ich die Antwort darauf scheute. Sie glauben gar nicht, wie schnell ich das Thema wechseln und auch hartnäckiges Nachfragen ignorieren kann. Meister des Small Talks.

Das war reiner Selbstschutz. Ich hatte Sorge, dass ich mir das Urteil der anderen über unser neues Familienmodell zu sehr zu Herzen nehmen und vielleicht sogar zu eigen machen würde. Ich wollte mir die Zeit lassen, die ich brauchte, um in alles hineinzuwachsen und mir meine Fragen selbst zu beantworten.

Ich habe anfangs nur mit engsten Freuden und meiner Familie über meine Pläne gesprochen. Nur dieser »Inner Circle« wusste Bescheid.

Alle standen hinter unserem Entschluss. Gott sei Dank – und mir am wichtigsten: auch meine geliebte Mutter. Sie hat den Wechsel zum Familien-Manager von Anfang an unterstützt – und für gut befunden. Ihre Meinung war mir als Sohn natürlich besonders wichtig und wertvoll. Denn, hey, keiner kennt mich so gut wie sie. Meine Stärken und meine Schwächen. Keiner hat mich früher so oft aus irgendeinem Bockmist rausgehauen. Und keiner kann so liebevoll, aber auch so kritisch und geradeheraus sein wie Mama. Nicht mal mein leider 2016 viel zu früh verstorbener Stiefvater, der mir immer dazu geraten hat, meinen Weg zu gehen. Ich bin sicher, er wäre heute stolz auf mich und uns.

Es ist interessant und beängstigend zugleich, wie sehr ich, bei aller Gleichberechtigung, unterbewusst doch noch in alten Denk- und Rollenmustern verhaftet war. Von wegen »Frauen können stark sein« und »Männer dürfen Schwäche zeigen« – das klingt super, solange es weitestgehend Theorie ist. Aber was, wenn man sich traut, das wirklich zu probieren?

Meine feste Überzeugung war: In unserer Welt ist ein Kerl, der auf Vollzeitpapa macht, kein Vorzeige-Exemplar. Sondern ein Weichei! Zwei-Meter-Schrank hin oder her. Hausmann. Pah! Wer hat in der Beziehung wohl die Hosen an? Wahrscheinlich seine Frau ...

Ich musste mir mein Selbstbewusstsein (auch mir selbst gegenüber) echt erarbeiten. Heute kann ich sagen: Ja, meine Frau hat Hosen an! Am liebsten von Calvin Klein, weil die einen so hübschen, knackigen Hintern machen. Aber ansonsten ist bei uns alles wie bei anderen Paaren auch: Sie heult bei Liebesfilmen, ich muss sie vor fiesem Getier in der Wohnung retten – und wenn sie schlecht geträumt hat, kann sie nur in meinem Arm wieder einschlafen. Ich gröle beim Fußball-gucken mit den Jungs zu laut, verbitte mir jede Einmischung beim Autofahren und wie bei jedem anderen Mann wird auch bei mir auf Partys das »Schatz, nur noch das eine«-Bier auf wundersame Weise nie leer.

Zu meinem Erstaunen waren die Reaktionen des erweiterten Umfeldes auf meinen Job-Wechsel dann ganz anders als erwartet. Ich habe von Anfang an viel ehrlichen Zuspruch erhalten – gerade auch von Männern. Was mich (altes Denkmodell!) ganz schön überrascht hat. Einige meiner Bekannten gestanden mir, dass sie am liebsten sofort mit mir tauschen würden. Raus aus dem Hamsterrad – wenigstens für ein Jahr oder zwei. Verpasste Zeit mit den Kindern nachholen. Durchatmen und vielleicht auch mal die finanzielle Verantwortung abgeben. Freiheit! Okay – es war nach der zweiten Flasche Rotwein. Aber dennoch. In vino veritas ... Mein Handball-trainer haute mir auf die Schulter und sagte: »Jo, Gregor, gute Entscheidung. Trifft doch voll den Nerv der Zeit. Erzähl dann mal, wie es läuft. Bin gespannt.«

Vor einiger Zeit saß ich mit einem anderen Vater gemütlich im Schatten auf einer Parkbank. Wir beobachteten den Nachwuchs beim Spielen und fanden ins Gespräch. Er sagte, wie sehr er sich wünsche, mehr solcher Momente zu haben, nicht immer derjenige zu sein, der die Kinder nur schlafend sehe. Der nicht mitbekomme, was in der Schule passiert. Der am Wochenende alles aufholen müsse.

Ich habe ihm erzählt, wie wir leben, welchen Weg wir gefunden hätten. Dass man auch als Mann ziemlich viel von seiner Familie haben kann – wenn man bereit sei, sein Leben komplett auf den Kopf zu stellen. Also alles. Komplett. Er lachte. Er hatte noch nie darüber nachgedacht. Ob ich ihn quasi Guru-mäßig inspiriert habe? Ich weiß es nicht. Ich habe ihn nicht mehr wiedergesehen.

Aber mir gefällt der Gedanke, dass ich ihn zum Nachdenken gebracht habe. Darüber, dass wir alles verändern können. Wenn wir nur wollen. Irgendwie macht mich das ein wenig stolz.

Es gibt auch einige Mütter, die gerne mit meiner Frau tauschen würden, weil sie beruflich voll durchstarten wollen. Interessanterweise sind das aber deutlich weniger als Männer, die gerne mal daheimbleiben möchten. Die finanzielle Verantwortung für eine Familie zu tragen, sich jeden Tag in die Schlacht zu stürzen, das ist, ich zitiere die Gattin: »Auch oft ein ziemlich harter Scheiß-Job.«

Und es ist ja ehrlicherweise auch so, dass die meisten Männer mehr verdienen als ihre Frauen und keiner gerne finanzielle Einbußen hinnimmt. Wäre bei uns die Ausgangslage umgekehrt gewesen – also ich Hauptverdiener, meine Frau steuert noch was bei –, ich glaube kaum, dass wir uns letztlich für unser heutiges Modell entschieden hätten. Wir hätten es vermutlich traditionell gelöst. Und ich hätte nie erfahren, was ich dann verpasse.

Bei meinen Kindern musste ich erstaunlicherweise gar nichts vermarkten. Es wurden keine Fragen gestellt, ich musste nichts erklären. Irgendwann bin ich einfach morgens nicht mehr ins Büro gegangen, habe immer mehr von zu Hause aus gearbeitet und die Dinge übernommen, um die sich meine Frau früher gekümmert hat. Aus unserem Gästezimmer wurde mein Büro. Und nach und nach wurde ich der Familien-Manager, der ich heute bin.

Mathilda war damals ohnehin noch zu klein und kannte ihre Eltern nur beide arbeitend. Für sie war es einfach toll, dass statt einem Kindermädchen jetzt Papa am Start war – und ist. Ihr ist es auch egal, wer mit ihr in den Zoo geht, um die neuen Eisbärenbabys zu bewundern. Das muss nicht zwingend Mama sein. Hauptsache, es ist jemand da.

Und Ben ist es ebenfalls schnurzpiepegal, wer die Spaghetti Bolo macht oder ihn vom Basketball-Training abholt.

Irgendwann habe ich ihn mal gefragt, ob er es nicht komisch finde, dass ich immer da sei und nicht Mama. Seine leicht fassungslose Antwort: »Kapier ich nicht. Wieso jetzt? Hey, chill doch mal dein Leben.«

Kapitel 15

Gibt es für mich eine Zukunft
nach den Kindern?
Und wenn ja: welche?

Ich bin der
super-Heldinnen-Star,
und du bist der
super-Heldinnen-
Star-Papa.

Mathilda

*I*ch bin ein optimistischer Mensch. Ich glaube, dass »Werder Bremen« irgendwann wieder Meister wird, dass die US-Amerikaner nicht noch einmal Donald Trump wählen – und dass meine Mutter irgendwann aufhört, mir zu sagen, dass ich vorsichtig fahren und ihren Enkeln im Winter immer eine Mütze aufsetzen solle. Das glaube ich wirklich. Kann ein wenig dauern, aber sie wird es schaffen.

Bei einer Sache allerdings überwiegt der Skeptiker in mir. Bei der Frage, ob es eine Zukunft nach den Kindern gibt. Und wenn ja: welche? Was passiert mit mir, wenn Ben und Mathilda mich nicht mehr so oft brauchen? Befällt mich dann auch das Manager-Syndrom? Erst sieben Tage die Woche Stress, dann sieben Tage die Woche frei. Kann eigentlich nicht gutgehen. *Aber es wird so kommen. Bereite dich besser darauf vor.* Ich brauche einen Plan B.

Irgendwann sind Mathilda und Ben nicht mehr auf das elterliche Rundum-sorglos-Paket angewiesen. Der Job ist erledigt. Und ich will kein Helikopter-Vater sein, der seine Berufung ausschließlich darin sieht, den Kindern jeden verdammten Stein aus dem Weg zu räumen. Möglichst auch noch während Studium und Berufseinstieg. No way! Wenn ich das bei anderen sehe, kann ich immer nur den Kopf schütteln. Das kann und darf nicht sein. Kindererziehung bedeutet auch, die Kids schrittweise in die Selbstständigkeit zu entlassen. Und sie selbst loszulassen.

»Und dann, ja dann …«, jubelt der Optimist in mir, »… kannst du wieder im alten Job arbeiten. Irgendetwas wird sich schon ergeben! Du kennst einen Haufen Leute und sagst einfach: ›Da bin ich wieder! Noch gut unter 50 und bestens in Schuss. Feuerfest und mit allen Unwägbarkeiten des Lebens vertraut.‹« Wer zwei Kinder groß bekommt, der schafft auch alles andere.

»Aber mal ehrlich …«, mosert dann der Skeptiker, »… reicht das? Ist es nicht naiv zu glauben, dass du einfach so wieder ins Berufsleben einscheren kannst? Einen Bonus für ein paar Jahre Arbeit an der Heimatfront zwischen Windelwechsel, Kindergeburtstagen und Hausaufgaben gibt es sicher nicht. Warum auch? Wen sollte das beeindrucken?«

»Hey, ich bin ein Mann und habe den Höllen-Job gemeistert!«

Der Optimist applaudiert.

»Na und? Machen die Frauen auch – und die lassen sich dafür nicht so feiern«, kontert der Skeptiker.

Vielleicht ist es ja sogar ein Makel, als Vater daheimgeblieben zu sein. Wird mir das sogar als Schwäche ausgelegt werden? Wer als Mann einige Jahre nicht im klassischen Berufsleben stand, ist der raus? Ist ja auch nicht so, dass hierzulande Müttern der Wiedereinstieg in das Berufsleben megaleicht gemacht wird.

Als ich einem Bekannten von meinem Entschluss erzählte, zu Hause zu bleiben und mich um die Familie zu kümmern, fragte er mich: »Gregor, was macht das mit deinem Lebenslauf? Fünf Jahre Vollzeitvater. Sieht seltsam aus.«

Denkt er heute übrigens anders drüber. Damals hat mich das aber schon auch nachdenklich gestimmt.

Ich habe für Nachrichtenagenturen als Reporter gearbeitet, als Politik- und Wirtschaftsredakteur für die *Financial Times Deutschland* und zuletzt für *Focus* als Produktmanager im Digitalsegment. App-Entwicklung, Online, Newsletter, Augmented Reality. Die ganze aufregende neue Welt der digitalen Medien hat mich tagtäglich begleitet – ein irres Pensum, eine irre Geschwindigkeit. Alles ging rasend schnell. Tack, Tack, Tack!!!! Keine Pause. Jeden Tag etwas Neues. Und diese Entwicklungen gehen immer und immer so weiter. Heute sprechen wir über Snapchat und Bitcoins. Und morgen? Das Comeback in einem Job, in dem die Protagonisten eher immer jünger werden – und die Entwicklungen rasant voranschreiten –, ist nicht einfach.

Und was ist eigentlich mit meiner Altersvorsorge? Ja, das ist nicht gerade sexy, sich mit solchen Fragen auseinanderzusetzen, aber es ist eben Realität. Meine Frau muss immer genug verdienen, damit wir die Lücke schließen können – und es später auch reicht.

Also wieder zurück in den Vollzeit-Job? Morgens das Haus verlassen, ins Büro gehen, Abstimmung mit Kollegen, feste Arbeitszeiten, Urlaub einreichen, Arbeit mit nach Hause nehmen, immer erreichbar sein, E-Mail-Terror am Wochenende, Budgets einhalten, Rechenschaft ablegen, Entscheidungen umsetzen, die man selbst so nie getroffen hätte ... An diesem Punkt der Überlegungen frage ich mich meistens, ob ich überhaupt je wieder so arbeiten will wie früher. Zurück ins Hamsterrad ... auch keine beglückende Vorstellung.

Vor einigen Monaten saßen meine Frau und ich gemütlich vor dem Kamin und sprachen über die Zukunft.

»Wenn du dann wieder arbeitest, müssen wir schauen, wie wir das alles organisieren. Aber Ben ist ja dann auch größer und kann helfen«, sagte die Gattin. »Dann kannst du auch wieder Vollzeit Gas geben.«

Mich durchzuckte ein kalter Schauer. Fast wie beim Anblick von Mathildas Zimmer nach dem letzten Besuch einer Freundin (*wo ist eigentlich das Bett geblieben? Ah, da unter dem*

Kissenberg) oder der jüngsten iTunes-Abrechnung (*Himmel! Drei Barbie-Filme, zehn Apps und acht Goldsäckchen für irgendein Spiel von Ben? Bin ich Krösus!?*).

Eigentlich hätte ich mich freuen sollen. Endlich wieder zur Arbeit gehen. Hurra!!! Das ist großartig. Ulrike hat recht. Die Kinder werden größer und brauchen mich dann nicht mehr so viel wie jetzt. Das ist es doch, was ich mir gewünscht habe. Eine berufliche Perspektive für die Zeit nach dem Vater-Job. Oder etwa nicht?

Ja, schon ... Aber jetzt habe ich eben auch von der süßen Frucht des Vollzeitvater-Daseins probiert. Und sie schmeckt schon sehr oft gut. Das hätte ich nie für möglich gehalten. Ich bin tatsächlich fast die meiste Zeit komplett zufrieden mit dem Leben, so wie es ist – die Vorzüge sind gar nicht zu übersehen.

Neulich war ich mit Mathilda bei der sogenannten Schul-eingangsuntersuchung: 9.45 Uhr, Gesundheitshaus Pankow. Muss man machen – auch wenn man sich fragt, wofür. Erst die ganzen U-Untersuchungen 1 bis 100 000 und dann noch mal eine Schuleingangsuntersuchung. Wenn das Kind nicht fit für die erste Klasse ist, wäre das ja wohl früher schon aufgefallen. Aber was soll's ...

Madame malte also brav alle vorgegebenen Figuren aus – und löste jede Aufgabe in Rekordzeit. »Ich bin der Super-Hel-dinnen-Star, und du bist der Super-Heldinnen-Star-Papa.« Genau, Kind.

Der stolze Vater saß daneben, war tiefenentspannt und flir-tete ein wenig mit der sehr hübschen Ärztin. Kein Gehetze, kein Bangen, ob man den nächsten Termin einhalten kann. Und zur Belohnung für die tolle Leistung musste Mathilda an diesem Montag nicht mehr in die Kita, sondern durfte mit Papa um die Ecke noch ein fettes Spaghetti-Eis essen. Wäre früher mit Büro-Job alles nicht so leicht möglich gewesen.

Damals blieb auch jede Menge Alltagskram bis zum letzten Tag liegen – und darüber hinaus. Ist heute auch anders. Wir verpassen keine Fristen mehr, die Rechnungen sind pünktlich bezahlt, die Handwerker können auch mal mittwochs um elf Uhr kommen – und wir müssen nicht mit all den anderen am Samstagvormittag Würstchen und Kartoffelsalat für den Grillabend mit den Schwiegereltern holen. Ich kann mich – zumindest, wenn mal kein Kind krank ist oder daheim totales Chaos herrscht – zum Mittagessen mit meinen reizenden Ex-Kolleginnen verabreden. Und zwar entspannt, ohne spätestens nach fünfunddreißig Minuten schon auf die Uhr zu schauen und den Espresso bestellen zu müssen, während die dringenden Mails eingehen und das Sekretariat schon zwei Mal angerufen hat. Der Job daheim ist eben nicht nur der Kinder wegen großartig.

Es ist neu, es ist aufregend, es macht mich glücklich und stolz – aber es verunsichert mich manchmal eben auch. Ich habe keine Ahnung, was in einem oder zwei Jahren ist. Es macht aber auch keinen Sinn, sich darüber jeden Tag das Gehirn zu zermartern. Zu der Erkenntnis bin ich mittlerweile gekommen. Es ist besser, diese Veränderung als Chance zu begreifen. Das habe ich irgendwann einfach zugelassen. Hat etwas gedauert. Aber heute genieße ich jeden Tag – trotz mancher Zweifel und Einschränkungen. Für die ist nur noch ganz hinten in meinem Kopf ein sehr, sehr kleines Plätzchen reserviert. Ich fühle mich privilegiert, etwas leben und erleben zu dürfen, was vielen Männern bisher nicht vergönnt ist – aus welchen Gründen auch immer.

Jetzt werden Sie denken: Erst jammert er rum, dass er nicht aufhören kann mit dem Vollgas-Job, dann jammert er, weil er nicht weiß, ob er den Wiedereinstieg schafft, und zum Schluss jammert er, weil er sich gar nicht sicher ist, ob er wieder voll arbeiten will. Was ist denn jetzt los? Tja – was soll ich sagen? Ich weiß es auch nicht ... Es gibt darauf noch keine klare Antwort.

Ich mache den Vater-Job noch so lange, bis Mathilda in der Schule gut Fuß gefasst hat. Dann werde ich sehen, wo ich stehe. Vielleicht steige ich dann wieder in einen normalen Büro-Job ein. Vielleicht will meine Frau dann weniger arbeiten? Dann können wir zurücktauschen, uns neu organisieren. Ja, warum eigentlich nicht? Vielleicht wäre das ein neues aufregendes Experiment. Es lohnt sich auf jeden Fall, darüber mal nachzudenken.

Vielleicht steigen wir aber auch einfach in unser Auto und fahren los. Wohin auch immer.

Kapitel 16

Schlussgedanken –
Männer, traut euch!
Warum beim Rollentausch am Ende
ganz viel für uns rausspringt

Erwarte keine
Dankbarkeit.
Du bist ein Exot.
aber kein Held.

Meine Erkenntnis
als Vollzeitvater

*B*isher ist mein Leben eigentlich ganz gut verlaufen. Die Halbzeitbilanz (hoffentlich ist es erst die Halbzeit) liest sich gar nicht mal schlecht: grandiose Frau, super Familie, alle gesund, tolle Freunde, Studium abgeschlossen, erfolgreiche Jobs. Ich fühle mich auch noch fit genug für regelmäßige Liga-Spiele beim Handball. Also, was will man mehr?

Okay, ich müsste ein paar Kilo abnehmen. Fünf wären gut. Aber wer glaubt das in meinem Alter nicht von sich? Und meine Schulter knirscht, wenn ich mich abends aus der Badewanne hochwuchte. Der Arzt meint, da könne man nichts mehr machen. »Sie werden halt langsam älter.« Gut, wenn das jedoch alles ist, kann ich echt nicht meckern.

Aber mein Leben verlief eben auch lange glatt, ohne die ganz großen Zäsuren. Ohne die heftigen Einschnitte, die meinen Weg gravierend beeinflusst hätten.

Bis zu dem Tag, an dem ich meinen Job kündigte und damit einfach alles anders wurde. Der Startschuss zum Vollzeitvater-Job (auch wenn sich das schrittweise entwickelt hat) war meine persönliche Zeitenwende.

Die Sache war ganz klar: Entweder wir ändern etwas, oder wir bekommen Probleme. Wir entschieden uns für die Veränderung, denn im Chaos versinken kann man ja immer noch. Ich musste tradierte Vorstellungen über Bord werfen und mich neu erfinden – und zurechtfinden, in einer Welt, deren Bestandteil ich zwar schon lange war, die ich aber in ihrer Komplexität nicht begriffen hatte.

Es mag naiv klingen, aber: Ich dachte, die Kinder werden

schon irgendwie groß – und den Rest machen meine Gattin, die Kita und die Schule. Ich muss mich um andere Dinge kümmern. Ich muss die Welt retten.

Ich habe mich zwar immer viel um unsere wunderbaren, süßen, anstrengenden, nervigen, aber alles in allem tollsten Kinder der Welt gekümmert. Ich liebte und liebe sie wie jeder Vater. Aber ich hatte natürlich keine Ahnung, was es bedeutet, die Versorgungs- und Erziehungsarbeit zu stemmen – und zwar nicht nur hin und wieder mal für ein paar Tage, sondern immer. Nicht nur dann, wenn die Laune gut und die Noten bestens sind. Glauben Sie mir – manchmal nerven die beiden mich so sehr, dass ich ins Büro fliehen möchte. Schreibtisch, wo bist du? Kollegen, wann kommt ihr? Konferenzen, wann fangt ihr an? Normale Menschen, gibt es euch noch? In diesen Momenten beneide ich meine Frau.

Aber ich habe nun mal keinen Büro-Job mehr. Ich bin Vollzeitvater. Was anfänglich bedrohlich klang und irgendwie auch ohne Inhalt war, hat sich als größte Herausforderung meines Lebens herausgestellt – genauso wie als größtes Geschenk. Ich habe viel über das Leben gelernt und über mich selbst. Ich habe meine Frau und meine Kinder aus einem anderen Blickwinkel kennengelernt. Und nicht, weil sie sich verändert hätten. Ich habe meine Position geändert.

Heute fühle ich mich privilegiert, dieses Modell leben zu dürfen. Vielleicht auch stellvertretend für eine neue Generation von Vätern, Teilzeit-Männern, Daddys im Sandkasten, Familien-Managern. Es gibt diese Männer immer öfter. Auch wenn sie erst einmal nur darüber nachdenken, wie sie mehr Zeit mit ihren Kindern verbringen können. Es kommt etwas in Bewegung.

Konstellationen, in denen Frauen – wie bei uns – den größeren Teil zum Familieneinkommen beitragen und mehr arbeiten als ihre Männer, sind heutzutage auch nicht mehr so selten. Und trotzdem müssen die Kinder behütet, muss der Haushalt geschmissen werden. Dann müssen wir eben ran. Nicht verzagen. Auf sie mit Gebrüll. Es ist eine vollkommen neue Welt. Sie ist irre anstrengend, aber auch verdammt aufregend.

Ich habe mich anfänglich gefühlt wie Alice im Wunderland – und konnte nur staunen: über die unbekannten Macken meiner Kinder, die Komplexität einer Haushaltsplanung, den Irrsinn Schule und was passiert, wenn alle krank sind und Papa der einzige Zombie ist, der sich mit reichlich Medikamenten noch halbwegs auf den Beinen halten kann. Ich sage nur Magen-Darm-Virus!

Ich mache den Mutter-Job – und ziehe meinen Hut. Kinder und Haushalt – ob in Teilzeit, Vollzeit oder wie auch immer – sind echt eine Hausnummer. Genau wie ein Job im Büro, auf der Baustelle oder im BMW-Werk. Ich kann nun wirklich sagen: »Ich weiß, wovon ich spreche. Glauben Sie mir.«

Wer es probieren will: Herzlich willkommen. Vielleicht hilft Ihnen dieses Buch ein wenig weiter. Es ist keine wissenschaftliche Analyse. Es gibt meine Gedanken, Beobachtungen und Erfahrungen wieder.

Ein paar Annahmen habe ich schon auf ihre Alltagstauglichkeit hin überprüft. Aus meiner Sicht sind drei wesentliche Punkte zu beachten:

Erkenntnis eins: Versuche nicht, es den Müttern nachzumachen!

Uns Männern fehlt dieses Gen, das dafür verantwortlich ist, fünf Sachen gleichzeitig beherrschen zu können. Multitasking ist Frauensache. Ich kann mich nur auf eine Sache konzentrieren. Alles schön nacheinander abarbeiten.

Anfänglich habe ich mich ständig mit der Super-Mutter-und-super-Ehefrau-Performance meiner Gattin verglichen, als sie zeitweilig noch vor mir nach Hause kam, nur sie am Wochenende richtig Zeit für die Kids hatte, während ich samstags noch gearbeitet habe.

Wenn ich nach Hause kam, waren die Kinder bettfertig, die Hausaufgaben gemacht, das Essen vorbereitet – und das alles hat sie auch noch gut gelaunt hinbekommen.

Das schaffe ich auch, dachte ich mir. Kann ja nicht so schwer sein ... Denkste! Mein Ego als gewollter Super-Papa-Mega-Ehemann war beispielsweise empfindlich angeschlagen, als ich grandios daran scheiterte, der Gattin jeden Abend ein warmes, aber zugleich bekömmliches und kreatives Essen zu kredenzen.

War vielleicht ein wenig zu ehrgeizig, irgendwie jedoch habe ich geglaubt, dass ich nach der Kinder-Sause mit Fischstäbchen und Kartoffelbrei auch noch leicht angebratenen Thunfisch mit karamellisierten Möhren und Thymiankartoffeln hinbekomme. Aber entweder ist alles kalt geworden, weil die Herzensdame doch noch einen verschwundenen Top-Manager oder den neuen Freund von Heidi Klum ins Blatt heben musste. Oder weil ich an alles gedacht hatte, nur nicht an Thymian. Verdammte Axt.

Ich wollte eben zeigen, dass ich es draufhabe. Dass Männer auch fünf Sachen gleichzeitig im Blick behalten können, flexibel sind und dabei bestens gelaunt bleiben. Wird nix. Bringt nix. Macht nix. Vielleicht gelingt das einem anderen Mann. Mir nicht.

Bei uns gibt es deshalb nur noch Sachen, die ich in 20 Minuten frisch zubereitet habe, beim Lieferservice bestellen kann – oder die als Komplett-Paket geliefert werden. Diese kleinen Boxen mit einem Essen für jeden Abend sind mein Highlight –

alles, was dazugehört, fein säuberlich abgepackt mit idioten-
sicherer Zubereitungs-Anleitung. Ein Traum! Meine Rettung!

Ich musste also meinen eigenen Weg finden. Herausforderung: Das Pensum erledigen und trotzdem nicht verzweifeln,
das Gute an der Sache sehen, die Chancen begreifen. Wir Männer machen daheim sicher viele Dinge anders – aber nicht unbedingt schlechter. Unsere Kinder vermissen ihre Mama natürlich – so wie sie einen spät nach Hause kommenden Vater
vermissen.

Aber Ben und Mathilda haben kein Defizit. Den beiden ist
es am Ende egal, ob Mama oder ich mit ihnen Hausaufgaben
macht, ins Kino geht oder den Zoo besucht. Wir bekommen
das zu Hause gut hin. Wir sind ein eingespieltes Team. Und
meine Frau darf dafür diesen magischen Moment genießen,
der früher nur mir vorbehalten war, wenn unsere Kinder
mit ausgebreiteten Armen auf sie zugelaufen kommen und
»Mama ... da bist du ja endlich« rufen.

**Erkenntnis zwei: Erwarte keine überbordende Dankbar-
keit. Du bist ein Exot, aber kein Held!**

Weder die Gesellschaft noch die Kinder sagen jeden Tag »Oh,
Danke! Danke, für all das, was du tust!« Und warum auch? Du
bist eben ein Mann, der das macht, was sonst in erster Linie
Mütter wegarbeiten. Und denen danken die Kinder auch nur
am Muttertag (und nur, wenn ich sie daran erinnere). *Du bist
ein Exot, aber kein Held.*

Anfangs hatte ich oft das Gefühl, ein Opfer zu bringen. Für
meine Familie, für die Job-Ambitionen meiner Frau, für unser
Leben. Das ist sicher auch in Teilen so.

Aber vor allem ist es ein Privileg. Heute habe ich meistens
richtig Lust auf das, was ich tue. Und wenn nicht, ziehe ich es
trotzdem durch. Früher konnte ich ja auch schlecht sagen: »Ich

hab heute keinen guten Tag, ich lass die Konferenzen jetzt einfach ausfallen.«

Jammerei hilft auch nichts – sie hilft nicht dabei, dein Leben zu gestalten und zu genießen, und sie hilft dir schon gar nicht, das Familien-Management-Experiment zum Erfolg zu führen. Jedes Lebensmodell hat seinen Preis – und den zahlst gefälligst du selbst. Kinder sind ihren Eltern gar nichts schuldig. Und die Gesellschaft auch nicht.

Erkenntnis drei: Es funktioniert nur, wenn du ein Kerl bleibst!

Das ist eine wirklich wichtige Erkenntnis, auf der vieles beruht. Bleib du selbst, bleib ein Kerl. Mutiere nicht zum biederen Hausmann in ausgebeulten Funktionshosen. Bleib der gut aussehende, durchtrainierte Typ in engen Jeans, in den sie sich verliebt hat. Behalte deinen Sport. Triff dich mit deinen Jungs. Trink dein Bier aus der Flasche ...

Mir war von Anfang an klar, dass ich über einen längeren Zeitraum die Kindererziehung stemmen werde – und meine Frau dennoch weiter zu mir aufschauen können muss. Meine Frau war immer mein »Groupie«. Und das muss verdammt noch mal auch so bleiben! Egal, wer die Kids aus der Schule abholt und einkaufen geht.

Natürlich hat unser Modell auch Ecken und Kanten, aber das ist nicht anders als in anderen Familien, wo einer deutlich mehr arbeitet und deshalb mehr Geld verdient. Karriere, Einkommenssteigerung und berufliche Selbstverwirklichung stehen eine Weile zurück – bei uns schlucke ich diese Pille.

Aber: Ich genieße auch all die Vorteile, die es mit sich bringt, Vollzeit zu Hause zu sein und nur hin und wieder mal ein freies Projekt anzunehmen, wenn es sich mit den Bedürfnissen der Kids und uns als Familie vereinbaren lässt. Ohne die Möglichkeiten unseres Modells wäre auch dieses Buch nicht entstanden.

Ich bekomme und genieße die besondere Liebe der Kinder, eine funktionierende Familie, Zeit für mich. Es ist eine erfrischende Auszeit vom ewigen Rattenrennen. Den Druck, die Familie zu ernähren, hat meine Frau. Ist für sie manchmal auch nicht leicht. Aber sie hält sich an unseren Deal – genauso wie ich.

Ich musste erst lernen, meine Männlichkeit nicht nur über Job und Karriere zu definieren – so wie ich das über Jahre gemacht habe, weil ich es so verinnerlicht hatte. Und ich kann auch nicht sagen, dass das besonders leicht war. Es war ein Prozess – organisatorisch wie gedanklich. Ein langer Weg zur Erkenntnis. Sie ist nicht plötzlich über mich gekommen. Irgendwann bin ich einfach an diesem Punkt angelangt, mich nicht irgendwie seltsam oder peinlich berührt zu fühlen, so als würde ich etwas Falsches tun.

Ich kann gar nicht sagen, wann genau das war. Man merkt, dass man den richtigen Weg geht, wenn man kein Interesse mehr daran hat, zurückzuschauen. Irgendwann hatte ich plötzlich keine Probleme mehr damit, auf die Frage, was ich so mache, klar zu antworten. Nicht mehr ausweichend zu reagieren. Ja, ich habe einen Vollzeit-Job! Ich kümmere mich zu Hause um alles! Ich betreue die Kinder, ich organisiere Haus und Hof. Muss jemand machen. Mache ich jetzt. Und das ist auch okay so.

Ich habe begriffen, nicht alles zu ernst zu nehmen und mich auf die neue Situation einzulassen. Take it easy. Je entspannter der Vater, desto entspannter die Kinder, desto entspannter die Frau – und alles drumherum.

Ich habe aufgehört, mir immer permanent irgendwelche

Fragen zu stellen – oder besser, ich habe versucht, sie mir zu beantworten. Ich tue das Richtige! Niemand sieht in mir ein Weichei. Und wenn doch, ist das sein Problem. Fertig. Es ist ganz einfach: Man darf nicht mit Zukunftsfragen die Gegenwart vergiften. Ich bin happy und dankbar.

Also, Männer! Wenn es irgendwie geht: Macht es einfach! Traut euch. Dies ist ein flammendes Plädoyer für ein neues Leben als Daddy Cool – mit Kindern, mit Vormittagen daheim, mit nervigen Mathe-Hausaufgaben (*wie ging noch mal der Dreisatz?*), überfüllten Spielplätzen – und mit ganz vielen neuen Eindrücken.

Es gibt viele großartige Modelle, mehr von der eigenen Familie zu haben: Elternzeit, Teilzeit und das neue Elterngeld Plus bieten viele Möglichkeiten. Zum Glück ist das in Deutschland möglich – auch wenn die Vereinbarkeit von Beruf und Familie noch deutlich verbessert werden könnte.

Mein Weg zum Daddy Cool war steinig. Es war ein Prozess. Anfänglich noch mit freier Arbeit und vielen Fragen. Irgendwann dann aber mit voller Konzentration auf die Rolle als Familien-Manager.

Und eins ist ja mal klar: Männer kriegen das gestemmt. Das bekommen wir hin. Ganz sicher.

Nun haben Sie einen ganz guten Eindruck davon, wie es bei uns zugeht. Liebevoll. Laut. Lustig. Und vor allem chaotisch. Das stimmt. Aber im heimischen Durcheinander liegt auch eine innere Ordnung. Geordnetes Chaos, sozusagen. Am Ende werden die Kinder groß und als vernünftige Menschen in die Gesellschaft entlassen.

Der Maßstab für mein Tun ist der gesunde Menschenverstand. Nicht mehr und nicht weniger. Was anderes steht mir auch nicht zur Verfügung. Ich habe nicht hundert Ratgeber gelesen. Ganz ehrlich. Nicht einmal einen.

Neulich sagte eine befreundete Mutter zu mir, dass sie begeistert sei, wie höflich unsere Kinder doch sind. Dass sie immer freundlich grüßen, »bitte « und »danke« sagen und so hervorragende Tischmanieren hätten.

Hä? Unsere Kinder? Spricht sie von Ben und Mathilda? Von dem Teenager, der seine Zähne nicht auseinanderkriegt (außer er zockt mit seinen Jungs) und der Sechsjährigen, die im Essen meist herumstochert und den Ellbogen gern mal auf dem Tisch ablegt? Scheint ja doch nicht jegliche Erziehungsarbeit an den beiden abgeperlt zu sein.

Meiner Frau bin ich unfassbar dankbar, dass sie das alles mitmacht. Dass sie den Motor am Laufen hält. Sie liefert quasi den Schmierstoff für die Familien-Maschine. Dass sie unser Leben und mich so nimmt, wie ich bin. Und mittlerweile auch Fischstäbchen mit Kartoffelpüree oder Chicken Nuggets mit Pommes für eine halbwegs vollwertige Mahlzeit hält! Meine Frau versucht, mich zu verstehen – meine Sorgen, meine Zweifel, meine Ängste. Wir treffen jede wichtige Entscheidung gemeinsam.

Und der Spaß kommt mit dem Erfolg. Es ist wie beim Sport. Viel Training bringt am Ende den Sieg. Man muss nur dranbleiben. Niemals aufgeben. Immer weiter. Die Saison entscheidet sich nicht gleich am Anfang. Im Laufe der Vollzeitvater-Jahre habe ich mir auch so eine Art Panzer aus Gelassenheit und notwendiger Strenge zugelegt (gut, die Strenge könnte noch ausgebaut werden) – oder besser noch einen Überlebensinstinkt im richtigen Augenblick.

Und wenn ich fluchen will, dann fluche ich.

Ich bin stolz darauf, dass wir es (meistens jedenfalls) schaffen, den anderen einfach machen zu lassen, ihm nicht zu viel von der eigenen Sicht auf die Welt aufzudrängen. Das alles hat viel mit Vertrauen zu tun – in sich selbst, in den anderen, in die Stärke der Beziehung. Es hat auch mit Mut zu tun – dem Mut, sich auf etwas Neues mit offenem Ausgang einzulassen.

Hey Babe, das haben wir ganz gut hinbekommen.

Ich bin gespannt, wie es weitergeht …

**Die Gattin hat mal wieder
das letzte Wort**

So ein Rollentausch
hat es in sich –
Anschnallen dringend
empfohlen

— Ulrike

Reden wir nicht drumherum. Ein Rollentausch hat es in sich. Das macht man nicht einfach so. Die meisten trauen es sich gar nicht erst. Wir schon. Und darauf bin ich stolz.

Als Frau komplett in die Versorgerrolle schlüpfen? Die Verantwortung, den Druck, das tagtägliche Rattenrennen aushalten? Das schlechte Gewissen ertragen, wenn man mal wieder ein Schulfest verpasst hat? Ist auch nicht ohne. Aber das mache ich, jeden Tag. Auch darauf bin ich stolz.

Seine Karriere auf Eis legen und sich ganz auf die Familie konzentrieren? Ohne Netz, doppelten Boden und garantiertes Rückfahrticket? Mit traditionellen Rollenmustern und der gesellschaftstypischen Definition von Männlichkeit brechen? Das chaotische, komplexe, anstrengende Unternehmen namens Familie managen? Macht alles mein Mann. Mein großartiger, fürsorglicher, geliebter Ehemann. Und darauf – auf ihn – bin ich verdammt stolz!

Was er als Vollzeitvater stemmt, ist beeindruckend und wunderbar. Und meistens ist er dabei auch noch bestens gelaunt. Und ja, ich weiß, wenn er eine Frau wäre, würde kein Mensch denken (oder gar schreiben), wie außerordentlich und besonders das ist, was er da tut.

Mein Mann macht das, was Millionen Frauen für weit weniger Anerkennung tun. Ist nicht fair, ist aber so. Ganz einfach deshalb, weil die Entscheidung, zu Hause zu bleiben, für einen Mann immer noch verdammt radikal ist. Fast 94 Prozent der Väter in Deutschland sind die Hauptverdiener in Familien – und zwar in Vollzeit. Bei uns ist das umgekehrt. Mein Mann gehört also zu den knapp sechs Prozent, die dem Trend trotzen. Er ist noch immer ein Exot.

Wir haben uns die Entscheidung, dass Gregor zu Hause bleibt, wahrlich nicht leicht gemacht. Und wir kämpfen immer wieder mit den Spätfolgen. Mische ich mich zu viel ein? Fragt er mich zu wenig nach meiner Meinung? Wer macht den Kids die Ansagen, wenn wir beide zu Hause sind?

Es gelingt uns nicht immer, achtsam und respektvoll zu sein – und das wertzuschätzen, was der andere tut. Manchmal bin ich maulig, weil mein Lieblingsjoghurt nicht im Kühlschrank steht. Und er ist genervt, weil ich mitten beim Abendessen »nochmal ganz kurz« mit dem Spätdienst telefonieren muss. Und dann wäre da noch unsere grundlegend verschiedene Auffassung von Ordnung und davon, ob ein Döner als vollwertige Mahlzeit gewertet werden kann.

Es gibt Momente, da schaffe ich es nicht, die Chefredakteurin vor der Tür zu lassen. Und an besonders schlimmen Tagen habe ich das dringende Bedürfnis, meinem Mann (der sämtliche Elternabende besucht, die Hausaufgaben und den Freizeit-Kalender von Ben und Mathilda managt) noch mal im Detail zu erklären, wie er das mit den Kindern und der Erziehung alles noch viel besser machen könne. Und wie die Waschmaschine funktioniert.

Das nervt. Ihn. Mich. Uns beide. Dann streiten wir. Schmollen. Diskutieren. Streiten noch ein bisschen mehr. Lauter und öfter auch als früher. Aber ohne nachtragend zu sein. Die Territorien sind neu verteilt, da muss es manchmal rumpeln. Irgendwann küssen wir uns – und machen weiter. Neuer Tag, neuer Anlauf.

Ich bin meinem Mann jeden einzelnen dieser Tage unendlich dankbar. Weil ich mich voll und ganz auf meinen Teil unserer Abmachung konzentrieren kann – auf meinen großartigen

Job! Ich kann so lange und so viel arbeiten wie immer nötig. Ich kann Abendveranstaltungen, Wochenendseminare und Sonntagsdienste wahrnehmen. Passt alles. Mein Mann würde nie eine schräge Bemerkung machen (ganz im Gegensatz zu mir, als er noch fies lange im Büro saß, während ich mit dem wunderbar gekochten Essen wartete.)

Und: Nicht eine Sekunde muss ich mich darum sorgen, ob daheim alles gut ist, ob die Kids satt und glücklich sind. Der Laden läuft. Gregor macht das! Er hat alles im Griff. Diese Gewissheit gibt mir die Freiheit, im Job alles zu geben – und meine Familie finanziell zu versorgen.

Die Schattenseite unserer Rollenverteilung: Ich bin viel zu oft nicht da! Ich war nicht dabei, als Mathilda ausgestattet mit einem blauen Helm und viel Mut das Fahrradfahren lernte – und auch nicht, als Ben bei seiner Theateraufführung als Romeo donnernden Applaus bekam. An manchen Tagen bin ich hunderte Kilometer weit weg, wenn es blitzt und donnert. Wenn aufgeschlagene Knie zu pflastern sind – oder Tränen zu trocknen, weil das Lieblingsspielzeug zerbrochen ist. Das macht mein Mann, und er macht es perfekt. Ich wäre trotzdem gerne da.

Nein, ich sehe meine Kinder nicht so oft, wie ich es mir wünsche. An manchen Tagen komme ich damit ziemlich gut klar. An manchen schmerzt mein Herz. Ich vermute, das geht allen berufstätigen Eltern so – Männern wie Frauen.

Damit muss ich eben leben. Mit dem schlechten Gewissen. Mit der Unsicherheit, ob ich eine gute Mutter bin. Und manchmal, zugegeben, lebe ich auch mit dem Neid auf die Frauen, die den Balanceakt zwischen Kindern und Karriere, Beruf und Familie nicht stemmen müssen. Die sich auf sich konzentrieren können – und darauf, eine perfekte Mutter, Ehefrau und Geliebte zu sein. Denn auch diese Zweifel gehören zu meinem

Leben, seit wir die Rollen getauscht haben: Was macht das mit mir als Frau? Findet er mich noch weiblich genug? Sexy? Oder bin ich zu hart? Zu bossy? Kümmere ich mich genug um ihn als Mann? Um unsere Beziehung? Wäre mir früher nicht in den Sinn gekommen.

Alles im Leben hat einen Preis. Das ist meiner. Ich bezahle ihn jeden Tag. Und mein Mann bezahlt seinen. Unsere große Hoffnung: Dass die Rechnung unterm Strich aufgeht. Darauf setzen wir.

Also, falls Sie mit dem ganz und gar verrückten Gedanken spielen, es uns gleichzutun und die Rollen zu tauschen: Trauen Sie sich! Unbedingt! Es ist wahrlich keine Butterfahrt. Es gibt Tage und Wochen, da gleitet man über spiegelglatte See, laue Brise, Sonnenschein. Und dann gibt es Tage, an denen ist der Himmel dunkel und bedrohlich, der getauschte Alltag ist stürmisch und hart und anstrengend. Anschnallen dringend empfohlen!

Aber der Perspektivenwechsel zeigt uns, dass wir mehr können. Es verändert den Horizont. Und er ist für beide Seiten ein unglaublich aufregendes Abenteuer ...

Es ist Sonntagmorgen, und mein Mann bringt uns dampfenden Milchkaffee und leckere Croissants ans Bett. Ben und Mathilda toben durch die Tür und kuscheln sich zu uns unter die Decke. Draußen nieselt es, wir quatschen und lachen, lesen uns gegenseitig vor, und Mathilda hüpft ein bisschen auf der Matratze. Es gibt keinen schöneren Ort, keinen perfekteren Moment. Das ist die Basis von allem, das Fundament, auf dem wir ruhen. Diese unerschütterliche Gewissheit, dass uns beiden nichts wichtiger ist als unsere Liebe und unsere Familie.

Alles stimmt. Alles ist gut.

Ach, und das noch

Früher dachte ich, dass die meisten Mütter so eine Art Superheldinnen sind. Ausgestattet mit jeder Menge übernatürlicher Kräfte, die sie dazu befähigen, alles mühelos zu wuppen – und dabei immer gute Laune zu haben. Seit ich Fulltime-Vater bin, weiß ich, dass Superkräfte zwar hilfreich wären, der Job in Wahrheit aber 24/7 harte Arbeit ist, viele Nerven kostet und graue Haare verursacht. Aber auch, wie viel Spaß er macht!

An all die Mütter, die mich inspiriert haben, die mir geholfen haben, die immer für mich da sind: DANKE!

Kinder-Chaos von A–Z

(mit meinen ultimativen Überlebenstipps für alle Väter ...)

Ausnahmsweise, nur: Früher war »Ausnahme« für mich ein Fremdwort. Ausnahme bedeutete, dass ich versehentlich statt des üblichen Früchtemüslis eines mit Schokostückchen gekauft habe. Heute begegne ich der Ausnahme quasi jeden Tag. Ausnahmsweise länger aufbleiben, ausnahmsweise noch eine Folge schauen, ausnahmsweise Chips essen ... Mit Kindern ist das Leben eine einzige Ausnahme. Ein elterliches »Nein« wird mit Ausnahme-Anfragen so oft bombardiert, dass am Ende nicht mehr viel davon übrig ist. Aber ich bleibe hart – in Ausnahmefällen.

Bolognese, die: Gehört in jeden Haushalt mit Kindern. Bei uns mindestens ein Mal in der Woche. Kindertauglich bekommt man sie am besten so hin: nicht zu scharf, nicht zu salzig, nichts Grünes, keine Stückchen.

Mein ultimatives Kinderbolo-Rezept: 500 Gramm Rinderhack scharf anbraten. Fleisch dabei so klein wie möglich hacken. Mit etwas Hühnerbrühe aufgießen. Temperatur zurückdrehen und zunächst einen Esslöffel Tomatenmark unterrühren. Dann mit ein bis zwei Dosen passierten (nicht stückigen) Tomaten aufgießen. Zum Schluss mit Salz abschmecken und etwas bei niedriger Temperatur köcheln lassen. Fertig. Mischen Sie keinen Thymian, keine Karotten, keine Zwiebeln oder sonst etwas unter. Nimmt Ihnen kein Kind ab.

Chauffeur, der: Einer der Jobs, die man als Vollzeitvater noch so nebenbei erledigt. Allerdings trage ich dabei keine schneidige blaue Chauffeurs-Uniform, sondern meist Jeans, Sneakers und T-Shirt. Ich fahre auch keine schicke dunkle Limousine, sondern einen uralten VW, zwischen dessen Sitzen so viele Chips, Pommes und Gummibärchen liegen, dass man vermutlich zwei komplette Mahlzeiten daraus zusammenstellen könnte. An einem Extremtag starte ich das Auto um 7.55 Uhr, wenn ich die Kids zur Schule/Kita bringe, und parke es um 18.45 Uhr, wenn ich den Letzten/die Letzte wieder von irgendeinem Freund/Sportverein/Musikstunde abgeholt habe. Meine Rettung: Freisprechanlage. Ohne Besatzung – also meistens auf den Rücktouren – telefoniere ich, was das Zeug hält: Handwerker, Großmutter, Steuerberater. Dann ist wenigstens ein Teil der Stauzeit gerettet.

Datenvolumen, das: Die Bedeutung dieses Wortes ist mir erst klargeworden, als ich unserem Großen eine Smartphone-Partnerkarte spendierte. Ich wusste nicht, was ich tat! Und lernte: Eine Flatrate bedeutet mitnichten unendliches Surfen. Oh nein! Man kann Standart-Datenvolumen tatsächlich auch aufbrauchen. Und zwar innerhalb von Tagen!!!! Wenn Sie sich mit einem Kind eine Karte teilen, ist das Datenvolumen für den gesamten Monat ruckzuck hinüber. *Lektion gelernt:* Niemals eine Partnerkarte für Ihr Kind zulassen, wenn Sie nicht auf dem Trockenen sitzen wollen. Oder Sie laden sich die zugehörige App herunter und teilen Ihrem Kind Datenvolumen zu. Aber über drei oder vier Gigabyte lacht sich der Nachwuchs tot. Mir ist das alles zu kompliziert. Ben kriegt bald einen eigenen Vertrag!

Einmal und nie wieder: Es gibt Dinge, die wollen Sie als Vater nur einmal machen – und dann nie, nie, NIE wieder:

1. *Freibad, Spaßbad, Hallenbad, Schwimmhalle* – alles, was mit rutschigen Böden, schreienden Kindern, viel zu engen Umkleidekabinen und viel zu schnellen Rutschen zu tun hat. Merke: Es gibt keine Würde, wenn du in der Badehose auf dem Fliesenboden herumkriechst, um den Schlüssel für den Spind unter irgendeiner Bank hervorzukramen.

2. *Jahrmarkt, Rummel, Kirmes* – alles mit Riesenrad, Kettenkarussell, Achterbahn und Zuckerwatte. Die Quengelware an der Supermarktkasse ist ein Ort der Besinnlichkeit und Bescheidenheit gegen einen ordentlichen Rummel. Für die Kids der Action-Konsum-Overload – für mich blanker Horror. Merke: Wenn es eine gute Gelegenheit gibt, den Nachwuchs an Oma, Freunde oder den Tierschutz abzugeben – das ist er!

3. *Erdbeerhof, Erlebnishof, Heidelbeerhof* – alles, wo man Beeren und Früchte selbst pflücken kann und generell zu viele hysterische Familien unterwegs sind. Merke: Beerenpflücken ist wie Christbaum-Schlagen. Aber ohne Glühwein.

4. *Ponyhof, Pferderanch, Reiterparadies* – alles, was Reiten und vor allem Führen von störrischen Ponys und Pferden betrifft. Während die Gattin begeistert Fotos und Videos von der kleinen Reiterin in ihrem süüüßen Reiter-Outfit macht, führt der Vater das Pferd stoisch durch die Pampa und malt sich abwechselnd aus, wie es wohl wäre, auf dem verdammten Gaul in den Sonnenuntergang zu rei-

ten. Oder einfach ein kühles Bier zu trinken. Merke: Biste kein Cowboy – willste kein Pferd!

Feierabend, der: Zeitspanne, die für fest angestellte Menschen meist dann beginnt, wenn sie die Firma verlassen. Für Vollzeit-Dads: die Abwesenheit von Kindern und Haushalt. Mit anderen Worten: das schmale Zeitfenster zwischen 22 Uhr und Mitternacht. Wenn der Große auch endlich schläft, die Spülmaschine eingeräumt und die Wäsche halbwegs erledigt ist – und man selbst noch die Augen offen halten kann. Um Einhörner, schlechte Deutsch-Noten und Fischstäbchen mit Kartoffel-Püree turbomäßig aus dem Kopf zu bekommen, helfen Netflix-Serien und eiskalter Weißwein.

Meine aktuellen Serien-Highlights:

Narcos: Die Drogenhändler-Serie ist maximal männlich – brutal und spannend. Bestens geeignet, um schnell auf »Jetzt ist Ruhe und Zeit für mich«-Temperatur zu kommen.

House of Cards: Polit-Thriller in mehreren Akten. Allerdings muss man mitdenken – ist also auch nicht was für jeden Tag.

Riviera: Die Geschichte um eine Industriellen-Familie, die unglaubliche Wendungen nimmt. Gedreht an Orten zum Träumen – und perfekt zum Einschlafen.

Dazu unbedingt Weißwein.

Meine drei Tops unter zwölf Euro:

1. Thomas Hensel: Aufwind Grauburgunder
2. Markus Schneider: Chardonnay
3. Emil Bauer: Pinot Blanc. (Schon wegen des Etiketts: »You can't buy happiness, but you can drink my Pinot Blanc« – so isses!)

Gott sei Dank: Gott sei Dank haben wir Kinder. Sie sind das Großartigste überhaupt. Aber Gott sei Dank schlafen sie auch irgendwann mal, besuchen die Oma und sind in der Kita oder der Schule. Sonst würde ich viel öfter sagen müssen: Gott, bitte gib mir Kraft!

Haare, die: Meine Mädchen tragen gerne Wallemähnen. Ja, ja, sie sehen damit auch echt schön aus. Dennoch sind Mathildas lange Haare mega unpraktisch und passen nicht ins Vater-muss-sich-pragmatisch-organisieren-um-zu-überleben-Schema. Das Problem an langen Haaren ist, dass sie regelmäßig gekämmt werden müssen. Bei uns geht das nicht ohne Geschrei und Geheule, weil Papa angeblich der schlechteste Haare-Kämmer aller Zeiten ist. Wenn ich versuche, das morgendliche Gestrüpp zu entwirren, klingt es so, als würde ich meine Tochter mit glühenden Eisen quälen. Ein Wunder, dass der Nachbar das Jungendamt noch nicht gerufen hat. Frauen kennen derlei Probleme natürlich nicht. Väter schon.

Ich habe *die* Lösung ausgetüftelt, wenn Sie das gleiche Problem haben sollten. Sie brauchen eine Anti-Zip-Bürste und Leicht-Kämm-Spray. Tragen Sie das Spray vorsichtig auf, und packen Sie dann ein Büschel Haare am Ansatz. In kurzen schnellen Bewegungen beherzt die Wolle auskämmen.

Influencer, die/der: Bisher dachte ich, Influencer sei eine fiebrige Erkrankung der Atemwege. Seit Ben zwölf ist, weiß ich, dass Influencer ein ernstzunehmender Berufswunsch ist – und nichts mit Husten und Schnupfen zu tun hat. Sondern mit Meinungsbildung und Produktinfos. Der Influencer postet Einträge auf Instagram, Snapchat, YouTube und was das Social Web sonst noch zu bieten hat – und erklärt dem Nachwuchs, welcher Lippenstift gerade angesagt ist, welche Turnschuhe oder welcher Film. Dafür kriegen die Influencer von den Firmen kostenlose Luxus-Produkte zugeschickt, werden First Class um die Welt geflogen und zu den tollsten Partys eingeladen. Denkt zumindest der Große.

Ja-Sagen, das: Damit ist es so eine Sache. Wenn ich zu schnell mal unbedacht mit einem »Ja« auf die Fragerei der Kinder nach irgendwelchen Zugeständnissen reagiere, um für den Augenblick Ruhe zu haben, bereue ich das in der Regel. Denn dieses »Ja« werde ich nicht mehr los. »Papa, du hast es gesagt! Papa, du hast es versprochen.« Lektion gelernt: Ich ertrage lieber den Frust des Augenblicks als die Nerverei am Tag danach.

Kommandoton, der: Den kannte ich bisher nur von meiner strengen Grundschul-Lehrerin. Tilly hat sich zuletzt aber auch eine gouvernantenhafte Note angewöhnt. »Papa, bring mir ein Wasser.« Oder: »Du nimmst meine Tasche. Ich bin erschöpft.« Hallo, geht's noch! Mache ich auf keinen Fall. Wo bleibt das Zauberwort?

Läuse, die: Ich verstehe nicht, warum um Läuse so ein Theater gemacht wird. Ja, ich will sie auch nicht haben. Sie jucken und sind unangenehm. Aber Läuse sind nicht der Untergang des Abendlandes. Meistens tun aber alle so. Unsere Kita informiert die gesamte Elternschaft via Mail auch über einen »Fall von Kopfläusen« in der Gruppe den Flur runter. Mitgeliefert wird ein Link mit Infos zur Ursache – und zur Behandlung. Ich bin da ganz pragmatisch und wasche den Nachwuchs regelmäßig automatisch mit Lausmittel durch. Dann müssen mich die Mails nicht interessieren.

Memory, das: Für mich ist Memory das perfekte Spiel. Anders als Monopoly ist es in der Regel nach überschaubarer Zeit geschafft, die Kinder müssen sich mal konzentrieren, und ich selbst kann auf Durchzug schalten. Aber Achtung: Wenn Sie zu den Vätern gehören, die immer gewinnen wollen, ist das Spiel nichts für Sie. Ich weiß nicht, wie Kinder (übrigens in jedem Alter) das hinbekommen. Vermutlich haben sie noch nicht so viel Müll im Kopf wie wir Erwachsenen – oder sie betrügen. So oder so sind sie unschlagbar. Ben deckt manchmal fünf Pärchen am Stück auf. Ich bin froh, wenn ich im gesamten Spiel auf drei komme. Wenn Sie also ein guter Verlierer sind, haben Sie nichts zu befürchten – dann haben Sie pädagogisch Sinnvolles getan und am Sonntagnachmittag bei Dauerregen elegant eine Stunde überbrückt. Wenn Sie zur Fraktion derer gehören, die auch beim Kinderspiel nicht verlieren können, trinken Sie lieber eine Tasse Baldriantee. Sonst könnte es passieren, dass alle am Tisch heulen.

»Nur noch eine Folge«: Dieser Satz bedeutet … rein gar nichts! Denn nach »Nur noch eine Folge« *Bibi und Tina/Winx Club/ Conny/Spirit/Phineas & Ferb* passiert genau das Gleiche wie vorher. Nämlich nichts. Es wird einfach die nächste Folge gestartet. Ab einem gewissen Alter sind Kleinkinder auch in der Lage, sich die längste Folge der gerade favorisierten Serie rauszusuchen. Dann haben Sie plötzlich 22 Minuten *Bibi und Tina* zu überstehen – obwohl Sie eigentlich in fünfzehn Minuten das Haus verlassen wollten: »Papa, versprochen ist versprochen.«

Meine Lösung: Ich genehmige nur Zeit-Budgets. Solange Mathilda die Uhr noch nicht richtig lesen kann, bestimme ich, wie lange fünfzehn Minuten dauern.

Oma, die: Auch Allzweckwaffe oder Feuerwehrfrau. Eine Oma ist nie genervt, nie ungeduldig, nie gelangweilt. Eine Oma hat für alles Verständnis und kann jeden Knoten auflösen. Eine Oma kann alle nicht schlafen wollenden Kinder zur Ruhe bringen und jedes Steckperlenspiel über drei Stunden ertragen. Ohne Oma wäre das Kinder-Chaos in meinem Leben noch größer. Und vor allem: unbezwingbar!

Panik, die: Ich weiß, ich weiß. Als Vater sollte man immer Herr der Lage sein. Bin ich auch – jedenfalls meistens. Bei folgenden Sachen gerate ich aber noch heute in Panik.

Supermarkt: Eben stand Mathilda noch mit mir bei der Milch. Ich drehe mich einmal um – und schon ist sie weg. Zehn Minuten Panik. Dann finden wir uns bei den Süßigkeiten wieder. Kind heult, Vater fertig! Aber beide wieder glücklich.

Balkon: Kinder auf dem Balkon lösen bei mir Schnappatmung aus. Vor allem, wenn sie so gerne klettern wie meine.

Autofenster: Mathilda spielt im Auto gerne an der Scheibe herum und hält die Hand raus. Keine gute Idee. Schon gar nicht, wenn wir durch die engen Straßen im Prenzlauer Berg zur Kita fahren. Vater blickt nervös in den Rückspiegel, um das Hand-Raus-Verbot zu überwachen. Wenigsten in dem Fall gibt es einen technischen Helfer. Kindersicherung!!!

Strand: Auch wenn bei uns alle schwimmen können. Entspannt am Strand liegen kann ich nicht. Zu groß erscheint mir die Gefahr, dass die beiden irgendwo zwischen Handtüchern und Schirmen verschwinden. Und seit wir Ben einmal zwanzig Minuten mit steigender Panik am Strand von Grado suchten (und beim Krebse-Keschern zwischen den Steinen der Uferbefestigung wiederfanden) bin ich in ständiger Alarmbereitschaft.

Quiz, das: Wie machen Sie eine lange Autofahrt zu einem Erlebnis jenseits des iPads? Mit einem Quiz. Ich bin der Quizmeister. Tiere, Romanfiguren, Heimatkunde: Ich bastle aus dem Stand ein Quiz – kinder- und familienfreundlich. Manche nennen mich auch »Günther Jauch des Ostens«. Von einfach bis schwer: Welche Insel wird als einzige Hochseeinsel Deutschlands bezeichnet? – a) Rügen b) Poel c) Helgoland. Für Fortgeschrittene biete ich das Bundesländer-Quiz an: Hauptstadt, Ministerpräsident, längster Fluss, höchster Berg. Alle raten mit. Meine Frau schreibt die Punkte auf. Macht riesigen Spaß und verkürzt die Fahrt zu den Großeltern nach Österreich von acht auf gefühlte vier Stunden!

Rollentausch, der: Tut gar nicht so weh, wie man denkt – und manchmal wird sogar ein Buch daraus …

Smartphone, das: Bei uns um die Ecke gibt es einen Laden, da bekommen wir seit einiger Zeit fetten Rabatt. Wir sind dort Stammkunden. Normalerweise freue ich mich über Privilegien aller Art – nicht aber über den Rabatt beim Elektrochirurgen. Der repariert nämlich die Displays unserer Handys – und das anscheinend viel zu oft. Wir tauchen alle paar Wochen mit zersplitterten Screens dort auf. Ich sage nur Spiderman-Handy. Der Inhaber grinst mich jedes Mal mitleidig an. Oh Mann, wie ich das hasse. Eigentlich könnte ich das kaputte Handy zur Strafe auch mal so lassen. Nicht mein Problem, oder? Doch! Dann wären die Kids nicht erreichbar. Das ist aber der Sinn eines Handys – erreichbar zu sein. Also wird fleißig repariert. Helfen können Panzerfolie und eine stabile Hülle mit leichtem Überstand.

Tausendsassa, der: Genau das ist die Anforderung an den Vollzeitvater. Er muss Allrounder, Generalist, Multitalent, Held und Ritter in goldener Rüstung sein. Gut gelaunt, liebevoll, streng und souverän. Und natürlich lustig. Ist nicht »viel«. Bekommen Sie locker hin.

Unfair: Das Lieblingswort der Kinder. Alles ist unfair. Dass der größere Bruder länger aufbleiben darf = unfair. Dass Ben Freunde über das Wochenende einladen kann = unfair. Dass Mathilda länger mit Mama kuscheln darf = unfair. Dass die kleine Schwester sich manchmal Süßigkeiten und Spielzeit an der eigentlich für Ben reservierten PlayStation zur Primetime ernörgelt = unfair. Alles ist unfair – unfair, unfair, unfair. Ich reiche »unfair« als Jugend-Wort des Jahres ein.

Vorlesen, das: Vorlesen ist gut für die Ausbildung der kindlichen Synapsen. Vorlesen ist wichtig für die spätere Lernfähigkeit. Vorlesen macht müde. Letzteres passiert vor allem dem Vorleser. Meine Frau hält ewig durch – mit verstellten Stimmen und einer Engelsgeduld. Bis die Kinder schlafen. Ich bin nach fünf Minuten *Bobo Siebenschläfer* genervt. Oder *Conny!* Oh Gott, *Conny: Conny lernt schwimmen, Conny lernt backen, Conny lernt Fußball spielen* ... Himmel, kann dieses Kind denn gar nix? Der Versuch, Bücher vorzulesen, die mir gefallen, hat übrigens nichts gebracht: Weder die Arbeiten von Reinhold Messner noch *Die Vermessung der Welt* stießen beim Nachwuchs auf Gegenliebe. Also wieder *Conny?* Nein!

Fünf Bücher, die man auch als Mann gut gelaunt vorlesen kann:

1. *Der Grüffelo*
2. *Pettersson und Findus*
3. *Ein Huhn, ein Ei und viel Geschrei*
4. *Die Schule der magischen Tiere*
5. *Pünktchen und Anton*

Warum?: Dieser Frage bin ich den vergangenen Jahren am häufigsten begegnet: Warum muss ich früher ins Bett als Ben? Warum dürfen während der Woche keine Kumpels hier schlafen? Warum darf ich mir keine Ohrlöcher stechen lassen? Warum? Warum? Warum? Mir dröhnen die Ohren davon. »Warum« gehört heute in die Kategorie der Wörter, bei denen ich auf Durchzug schalte.

X-mal: Als Vater (okay, okay, als Mutter auch) sagt man alles x-mal: Sitz gerade, nimm den Ellenbogen vom Tisch, räum dein Zimmer auf. Bestimmte Sachen wollen einfach nicht hinein in den Kinderkopf. Es macht mich wahnsinnig. Bringen gebetsmühlenartige Wiederholungen unter diesen Umständen überhaupt etwas? Vermutlich erst nach dem x-ten Mal.

Yolo (You only live once): Teenager-Slang, war auch mal Jugendwort des Jahres. »Du lebst nur einmal« – was in diesem Fall so viel heißen soll wie: »Scheiß auf die Regeln.« Und auch wenn das Wort bei Ben längst wieder out ist: Yolo-Zeiten sind wichtig! Nur wenn wir uns trauen, die Regeln ab und an mal außen vor zu lassen, erlebt man Außergewöhnliches. So wie als Vollzeit-Dad. An die gesellschaftlich vorgesehene Rollenverteilung von Mann und Frau halte ich mich dann später wieder. Jetzt mache ich erst Mal Pizza mit den Kids. YOLO!

Zuspätkommen, das: In der normalen Welt ein No-Go, weil respektlos. In meinem Leben vor den Kindern bin ich niemals zu spät gekommen. Niemals. Aber mit ihnen sieht die Welt anders aus. Zuspätkommen braucht eine neue Definition. Ein kneifender Schuh, ein vergessener Turnbeutel, eine zu spät begonnene Hausaufgabe: Fallstricke lauern überall. »Papa, ich brauch aber noch einen Zirkel!« Wer da nicht unpünktlich sein will, muss immer Puffer einbauen – und zwar reichlich.

Was brauchen Familien wirklich?

Nina Katrin Straßner
KEINE KINDER SIND
AUCH KEINE LÖSUNG
Schützenhilfe von
der Juramama
304 Seiten
ISBN 978-3-404-60935-2

»Bekommt endlich mehr Kinder«, tönt es seit Jahren aus aller Munde. Sind die dann aber da, haben wir den Salat. Im Beruf werden Mütter und geltende Gesetze ausgebremst. Väter, die mehr als zwei Monate Elternzeit nehmen, sind auch weg vom Fenster. Und wenn die Eltern ihren Kummer im Biergarten ertränken wollen, nagelt einer ein Schild an den Eingang: »Kinder verboten!«
Nina Straßner sagt, was wir tun können. Die Juristin lotst Eltern mit leichter Feder durch alles Gesetzliche und erklärt, wann wir Arbeitgeber belügen dürfen, warum sich tobende Kinder im Supermarkt rechtlich einwandfrei benehmen und übergewichtige Königspinguine ein optimales Rollenbild abgeben.

Bastei Lübbe

Dieses Buch ersetzt 40 Ratgeber

Kai Twilfer
EIN ARSCHVOLL
RATSCHLÄGE
Wie wir ohne
Klugscheißer viel
entspannter leben
256 Seiten
mit Abbildungen
ISBN 978-3-404-61008-2

Warum meinen alle anderen zu wissen, was das Beste für einen ist? Auch Bestsellerautor Kai Twilfer hat diese selbsternannten Ratgeber ständig um sich. Kein Auge bleibt trocken, wenn er gegen die Schlaumeier mit viel Wortwitz in die Schlacht zieht: Kann man wirklich sein Sexleben durch Tischtennis optimieren, Wechseljahre mit Fangobädern austricksen oder sich das Rauchen durch Hypnose abgewöhnen? Kai Twilfer stellt alle Ratschläge auf die Probe. Am Ende seiner bizarren Erfahrungen steht fest: Am besten tanzt man immer noch nach seiner eigenen Pfeife.

Bastei Lübbe